AF224915

L 27
n
2495

TRANSLATION DES RESTES

DE

M. MONGAZON

AU COLLÉGE DE BEAUPRÉAU

COMPTE-RENDU

DES

Cérémonies des 23 et 24 juillet 1866.

ÉLOGE FUNÈBRE

PRONONCÉ

PAR Mᴳᴿ L'ÉVÊQUE DE LIMOGES.

Se vend au profit du monument à élever à M. Mongazon, dans la chapelle du collége de Beaupréau.

ANGERS,

E. BARASSÉ, IMP.-LIB. DE Mᵍʳ L'ÉVÊQUE ET DU CLERGÉ
Rue Saint-Laud, 83.

—

1866.

Dans l'espace de quatre années, la petite ville de Beaupréau
fut le théâtre de deux fêtes vraiment incomparables. Toutes
deux, inspirées par la foi de cette population si religieuse
de la Vendée, laisseront dans les cœurs un impérissable
souvenir.

La première avait pour but de consacrer à Dieu le gracieux
monument, œuvre de la piété du peuple, qui couronne élé-
gamment la colline où est assise la modeste cité; la seconde
a été provoquée par la reconnaissance et par l'amour des
enfants de M. Mongazon, désireux de rendre des honneurs
publics au père bien-aimé qui guida leur jeunesse, au saint
qui forma leurs cœurs à la vertu, et d'associer tout un peuple
à cet hommage de leur piété filiale.

Fallait-il, sur cette dernière fête, garder le silence, comme
sur tant d'autres, nous contenter, comme toujours, de
goûter entre nous les joies de famille de beaucoup les plus
douces, sans les publier au dehors? Nous l'avions d'abord
pensé. Mais, cédant enfin à de pressantes sollicitations, nous
avons cru pouvoir, pour cette fois au moins, déroger aux
habitudes du petit-séminaire de Beaupréau. Nous nous
sommes donc proposé de reproduire, en quelques pages,
les deux journées du 23 et du 24 juillet, et nous n'avons pas
craint de nous attacher surtout aux détails et aux sentiments
qui font le plus grand charme d'une fête, en lui conservant
sa physionomie locale.

Heureux serions-nous, si ces pages, écho impuissant et
affaibli mais fidèle, pouvaient prolonger quelques instants
encore des chants d'allégresse, trop tôt finis pour ceux qui
ont eu le bonheur de les entendre, les faire revivre pour tous

et consoler surtout les absents qui nous ont témoigné, d'une manière si touchante, leurs regrets.

Chacun sait quelle fut à Beaupréau, pendant un demi-siècle, la vie de M. Mongazon, au milieu de l'alternative des dangers et de l'espérance, des douleurs et des joies; vie de dévouement, d'immolation et de sacrifice. Après avoir fécondé cette terre de ses sueurs, le saint vieillard, arraché de sa patrie adoptive, s'en alla fonder au loin un nouvel asile, où « Dieu, » selon la parole de l'illustre panégyriste de M. Mongazon, « donna de nouveaux enfants à sa noble et » féconde vieillesse, et où son cœur repose, honoré et béni, » sous la garde de la piété filiale de ses derniers nés, bien » dignes de conserver cet inestimable dépôt. »

Mais le souvenir des vertus de M. Mongazon ne disparut point avec lui et les regrets que causa son absence ne s'effacèrent jamais « dans cette cité qui lui doit sa prospérité, sa » réputation, sa foi. » Aussi lorsque Dieu appela à lui son serviteur pour couronner des jours si bien remplis, on eut voulu répondre immédiatement aux désirs du saint vieillard, et « transporter ses ossements dans cette terre deux fois » sainte, où il avait vécu longtemps, où il n'avait pas eu la » consolation de mourir. »

Des circonstances impérieuses empêchèrent alors et ajournèrent cette translation si désirée. Un jour enfin, il sembla à tous que l'heure attendue avait sonné. Ce fut lorsque, grâce à une parole féconde de Sa Grandeur Monseigneur l'évêque d'Angers, le collége de Beaupréau, deux fois ressuscité par M. Mongazon, eut repris la plénitude de sa vie première, et put être présenté à son vénéré fondateur tel qu'il l'avait quitté aux mauvais jours. Dès lors, M. le supérieur, jaloux de posséder le dépôt qui lui était dû, s'empressa de faire les démarches nécessaires pour accélérer cette translation trop longtemps retardée. Il comprenait que les restes de son saint fondateur seraient pour le collége de Beaupréau le plus précieux trésor, et que sous la garde de l'homme de Dieu, se conserveraient plus vivaces les fortes traditions du passé et le bon esprit qui animait les enfants d'un autre âge.

De son côté, M. le marquis de Civrac, qui semble avoir accepté comme héritage de famille, l'obligation de provoquer ou de seconder toutes les œuvres de piété et toutes les nobles entreprises, se hâta de présenter à Monseigneur l'évêque d'Angers, avec ses désirs et ses vœux, les pièces qui le constituaient comme l'exécuteur testamentaire des dernières volontés de M. Mongazon et de ses enfants. Il était heureux, d'ailleurs, d'achever, par ce digne couronnement, l'œuvre de la restauration du collége, à laquelle il a si puissamment contribué, et de rendre à la terre de Beaupréau celui qui fut si longtemps l'ami et le commensal de sa famille.

Inutile de dire l'empressement et le bonheur avec lesquels notre vénérable prélat accueillit cette idée qui était pour lui, comme on l'a dit, plus que la manifestation d'un sentiment de piété filiale. Oui, si notre saint évêque paraissait éprouver quelque inquiétude, c'était que la fête ne fût pas assez belle, que le triomphe ne fût pas assez digne de celui qui forma son enfance, et dont il est resté, aujourd'hui, le plus vénéré en même temps que le plus vieil élève.

Sitôt que les quelques formalités légales exigées furent accomplies, une commission, dont tous les membres furent choisis parmi les enfants de M. Mongazon, adressa, par l'intermédiaire de M. le supérieur du collége, à tous les anciens élèves, dont il fut possible de se procurer le nom et l'adresse, la circulaire suivante que nous nous reprocherions de ne pas reproduire ici dans son entier.

M

Le cœur de M. Mongazon repose avec gloire dans le collége qui porte son nom, mais ses ossements gisent encore dans l'•ubli d'une tombe ignorée et presque perdue.

La dure nécessité des circonstances a seule commandé jusqu'ici cet abandon.

Cependant notre amour filial en souffrait et nous appelions de tous nos vœux le jour où des restes si chers pourraient recevoir, eux aussi, le culte d'honneur, de vénération et de pieux souvenir auxquels ils ont droit.

Enfin, et nous sommes heureux de vous l'annoncer aujourd'hui, ils vont être accomplis ces vœux si légitimes de nos cœurs, ainsi que les désirs bien connus de M. Mongazon.

Ses restes seront ramenés à Beaupréau et confiés à cette noble terre qui peut tout perdre, excepté la mémoire de ses bienfaiteurs.

Elle fut le théâtre de ses premiers et de ses plus vaillants combats, le champ le plus laborieusement fécondé par ses travaux et ses prières ; M. Mongazon y trouvera le lieu choisi de son dernier repos.

Et ce collége, que nous lui avons, une fois déjà, rendu, ce collége, doux berceau de notre enfance, deviendra le tombeau glorieux de notre père.

Pour nous, quels chers souvenirs ! Et pour les jeunes générations, qui tour à tour viendront se former et grandir à l'ombre de ces murs et de ce monument', quelle éloquente leçon de respect, de reconnaissance et de fidélité dans l'amour !

La cérémonie de la translation est fixée au 24 juillet prochain ; elle commencera à 8 h. du matin et sera présidée par Monseigneur l'évêque d'Angers.

A la grand'messe, Monseigneur l'évêque de Limoges prononcera l'éloge funèbre de M. Mongazon.

Ce jour-là, M. Mongazon verra tous ses enfants autour de lui, car il est écrit ;

Corona filiorum gloria patris.

MM. **Menard**, vicaire général ;
    Lebreton, curé de Beaupréau ;
    Marquis **de Civrac** ;
    Gilles, curé de Saint-André ;
    Juret, curé du Fief-Sauvin ;
    Griffon, curé de La Chapelle-Aubry ;
    Burolleau, docteur-médecin ;
    Comte **de Quatrebarbes** ;
    Comte **de Civrac** ;
    du Reau (Zacharie) ;
    Delhommel, propriétaire à Bécon ;
    V. **Pouplard**, supérieur du Collége.

Beaupréau, le 29 juin 1866.

Déjà, bien avant l'apparition de cette circulaire, le nom de M. Mongazon était dans toutes les bouches : on se demandait avec anxiété si la fête espérée et promise n'allait pas s'accomplir. Enfin le dimanche 8 juillet, M. le curé de Beaupréau vint couper court à toutes les incertitudes.

Après avoir, du haut de la chaire, en termes tout empreints d'amour et de respect filial, rappelé les bienfaits et retracé les vertus de celui qui fut son prédécesseur et son père, M. le curé annonça à ses paroissiens que les restes vénérés de M. Mongazon seraient rendus à la terre de Beaupréau pour être déposés dans l'enceinte du Collége et que le 24 était le jour fixé pour cette translation.

A cette nouvelle, ce ne fut dans tout Beaupréau qu'un immense cri de joie. Les vieillards rappelaient, en versant des larmes d'attendrissement, les jours de la tourmente révolutionnaire et ramenaient dans leurs récits les périls du confesseur de la Foi ; d'autres, moins âgés, racontaient les scènes plus gaies de la vie du collége, sous l'aimable et paternelle direction de M. Mongazon ; chacun redisait quelque anecdote, chacun retraçait, avec le langage du cœur, quel-

qu'une des vertus de l'homme de Dieu, et tous, en se ré-
jouissant du triomphe de leur père, voulaient rivaliser de
zèle pour en augmenter l'éclat.

Aussi, bientôt la ville fut-elle transformée en un vaste
atelier, sous l'impulsion puissante et la direction de M. l'abbé
Guimier, dont nous ne saurions trop faire ressortir le zèle
et louer le bon goût dans le choix et la distribution des décorations. Les plus jeunes et les plus robustes allaient, au
loin, recueillir la verdure que des mains habiles transfor-
maient, au retour, en gracieuses guirlandes, en festons, en
arcs de triomphe ; et ceux-là même qui n'avaient pas eu le
bonheur de connaître le prêtre admirable dont le nom était
le sujet de tous les entretiens, dignes héritiers des vertus
de leurs pères, s'estimaient heureux de contribuer à son
triomphe.

De son côté, le collége ne restait pas en arrière dans cet
élan général. C'était un père qui allait revenir au milieu de
ses enfants, un père déjà connu et tendrement aimé, un
père fêté tous les ans par sa jeune famille, un père dont les
récits des anciens leur ont cent fois retracé la bonté, un père
qu'ils voient revivre dans le continuateur de son œuvre et
l'héritier de ses vertus, n'était-ce pas plus qu'il n'en fallait
pour faire battre tous les cœurs, pour exciter les jeunes
imaginations et stimuler le zèle, en un mot, pour préparer
le triomphe le plus complet.

Tandis qu'à Beaupréau la population entière rivalisait
d'ardeur, le petit-séminaire d'Angers se disposait, lui aussi,
à payer sa dette de reconnaissance à celui dont il est fier, à
si bon droit, de porter le nom.

Le samedi 21 juillet, on procéda, sous la direction de
M. Menard, vicaire général, à l'exhumation des restes de
M. Mongazon.

Les ossements, retrouvés presque en entier et parfaitement conservés, furent renfermés dans un cercueil de chêne, et déposés chez M. le curé de Saint-Léonard, où ils restèrent pendant toute la journée du dimanche. Puis le lundi, dès 8 heures, le petit-séminaire se rendit processionnellement à Saint-Léonard, pour rapporter dans ses murs les restes de son vénérable fondateur.

La chapelle, toute revêtue de tentures de deuil, avait été transformée en chapelle ardente, et l'on éprouvait un sentiment indéfinissable, mêlé de surprise et d'une sorte de mystérieuse terreur, en pénétrant, sous la sombre voûte du temple, auprès de ces cendres, aujourd'hui encore éloquentes et réveillant dans l'âme mille souvenirs du passé.

La messe fut célébrée par M. le supérieur, au milieu d'un nombreux concours d'anciens élèves de la maison, et aucun des assistants ne resta insensible aux accents de cette voix puissante et pleine de sentiment qui les força tous à courber la tête au cri suppliant de la touchante prière du *Dies iræ :*
Oro supplex et acclinis......

Cependant les restes du saint vieillard accompagnés des prières et des larmes de ses enfants et salués une dernière fois du chant de famille : *Vive Urbain...* quittaient le petit-séminaire d'Angers pour se diriger vers Beaupréau. Au premier rang des prêtres, qui avaient voulu leur faire cortége, on remarquait, dans le char même qui portait le corps, M. l'abbé Menard, vicaire-général, dont tous connaissent le généreux dévouement au petit-séminaire de Beaupréau, et M. le supérieur du petit-séminaire d'Angers, entre les mains duquel prospère si bien la dernière création de M. Mongazon. Puis dans d'autres voitures, M. l'abbé Guillaume, un des plus anciens et des plus distingués collaborateurs de M. Mongazon, quelques professeurs des deux maisons d'Angers et de Beaupréau, enfin quelques autres prêtres tous heureux de former comme une escorte d'honneur à la suite de leur père.

Dès six heures et demie, le convoi funèbre arrivait à Saint-Martin de Beaupréau.

La levée du corps fut faite, à l'entrée du bourg, par M. le curé de Saint-Martin, et le char reprit sa marche vers l'église précédé des prêtres chantant le *Miserere*. A leur entrée dans l'église, la musique du collége salua, d'une première mélodie funèbre, ces restes si désirés, et le clergé, déjà nombreux, fit entendre ensuite d'une voix lente et émue le chant sublime du *Libera*.

Nous ne pouvons passer sous silence le catafalque où furent déposés les restes de M. Mongazon. Dû à l'inspiration de M. le curé et au talent désintéressé d'un simple ouvrier de la paroisse de Saint-Martin, il était du meilleur goût et d'un admirable effet. Quatre colonnes surmontées de lustres aux nombreuses lumières, encadraient une vaste estrade au-dessus de laquelle s'élevaient des gradins jusqu'à une hauteur de quatre mètres environ. Sous ces gradins reposait le corps de M. Mongazon, et au sommet une urne, servant de couronnement à tout l'édifice, laissait gracieusement retomber de longues feuilles de roseaux et de plantes aquatiques.

Mais pourquoi ces plantes qui étonnaient d'abord, tout en plaisant aux yeux? Pourquoi les colonnes et les arcades de la rue étaient-elles aussi formées, en grande partie, d'herbes de même sorte, si connues des habitants du pays sous le nom de *rouches*, et que l'on trouve dans les marécages et sur le bord des étangs? Pourquoi? Tout ici est souvenir, et souvenir bien touchant dans sa simplicité. On a dit que les populations du pays de Beaupréau étaient restées fidèles à leurs traditions du passé, ces simples décorations en seraient, s'il en était besoin, une preuve de plus.

Il est sur la paroisse de Saint-Martin, à quelque distance de la route qui conduit de Beaupréau au Pin-en-Mauges, un étang appelé du nom de la ferme voisine *l'étang de la Junière*. Sur l'un des bords de cet étang, croissent, de temps immémorial, des roseaux et de grandes herbes qui entourent le tronc d'un vieux aulne d'une barrière infranchissable et impénétrable à tous les regards. C'est au milieu de ces hauts herbages, sur cette souche d'aulne, que se retirait M. Mongazon pendant les jours de la Terreur. Une planche avait été déguisée par les soins des paysans au milieu du plus épais fourré ; et sitôt que le danger se faisait pressentir, que quelque surprise était à craindre, le confesseur de la Foi courait à cette planche de salut, gagnait l'arbre protecteur, et pouvait là braver toutes les recherches des révolutionnaires.

Depuis lors, les herbes n'ont cessé de croître chaque année, et le vieux tronc d'aulne est toujours resté en vénération parmi les fermiers du voisinage. Eh bien ! ces hommes à la foi simple et naïve, mais si bien partagés du côté de l'intelligence du cœur, ont cru ne pouvoir mieux faire que d'employer aux décorations ces produits de l'étang de Junière, et d'ombrager le chemin, par lequel devaient passer les restes du confesseur de la Foi, de ces herbes qui l'avaient autrefois caché. Touchante pensée qui rapproche ainsi des temps si différents, et qui veut faire servir de préférence au triomphe les plantes elles-mêmes jadis témoins de la persécution !

Jusqu'à dix heures, malgré l'orage qui éclata et malgré la pluie torrentielle qui ne cessa de tomber, les fidèles de Saint-Martin vinrent en foule prier pour celui qui fut autrefois le vicaire de leur paroisse. Le lendemain, de grand matin, l'église fut ouverte, M. le curé et son vicaire, tous deux d'un zèle admirable pour la gloire de M. Mongazon (et le dernier porte dignement le nom d'Urbain qu'il eut le bonheur de recevoir de M. Mongazon lui-même), eurent soin que des messes se succédassent, sans interruption, depuis deux heures jusqu'à sept heures.

A sept heures, une cérémonie bien touchante devait réunir toute la population de Saint-Martin.

A quelques pas de l'église, s'élève une communauté, asile de la prière et des plus pures vertus. Les saintes femmes qui l'habitent, privées, par la clôture, des fêtes religieuses, en dehors de l'enceinte du couvent, ne devaient pas du moins être privées du bonheur de posséder, un instant, les restes vénérés de M. Mongazon et d'offrir une communion fervente pour celui qui avait honoré d'une douce amitié leur fondateur, M. Rabouan. Quelques instants avant sept heures, ces restes furent donc portés processionnellement de l'église au monastère. Quatre prêtres chargèrent le précieux fardeau sur leurs épaules et se rendirent, à travers une véritable forêt de verdure, réjouie par des banderolles et des oriflammes aux couleurs blanches, jusque dans la chapelle des sœurs. A ce moment, une douce surprise remplit d'émotion l'assistance.

Près du catafalque, à l'endroit que devait occuper la tête du cercueil, s'apercevait une urne de marbre noir, sur laquelle étaient gravées ces paroles : *Cœur de M. F. Rabouan*.

Par une de ces attentions délicates et pieuses dont les âmes qui appartiennent à Dieu ont seules le secret, Mme la supérieure avait voulu que le cœur de leur vénéré fondateur se trouvât un instant rapproché de celui qui avait été d'abord son protecteur (1), puis son conseiller, son commensal et son ami. Et pour que ce rapprochement fut saisi de tous, on lisait sur une des tentures de deuil ces paroles

---

(1) Notice historique sur le collége de Beaupréau, pag. 120.

de nos saints livres : *In vitâ suâ dilexerunt se, ita et in morte non sunt separati* (1).

Oui, ils s'aimèrent pendant leur vie ces deux vénérables patriarches, et, sans doute, ils sont maintenant unis dans un commun bonheur. Leurs restes auraient-ils été insensibles en se retrouvant, après une si longue séparation, au pied du même autel, sur le théâtre de leurs travaux et de leurs souffrances, où fleurissent ces œuvres qui, comme leurs vertus, éterniseront leur nom et feront bénir leur mémoire (2).

En présence des restes de M. Mongazon, dans la chapelle des sœurs, une première messe fut dite par M. l'abbé Thomas, et une seconde par M. l'abbé Roy, tous deux parents de M. Mongazon. Après le chant du *Libera*, avant la fin de la dernière messe, le corps fut rapporté à l'église par quatre vieillards de la paroisse, pleurant de joie d'avoir été jugés dignes d'un si grand honneur.

Tant de souvenirs se rattachaient à Saint-Martin que nous n'avons pu nous en séparer plutôt. Pourtant, il nous faut revenir sur nos pas et ne point oublier le collége, centre de la fête.

Depuis plusieurs jours déjà, il y régnait une agitation extraordinaire nécessitée par la grandeur des travaux à exécuter. On pouvait lire sur tous ces jeunes fronts qu'il se préparait quelque chose d'inaccoutumé, une fête dont les élèves seraient un des principaux ornements. Cette joie encore contenue commença à déborder de toutes parts, lors de l'arrivée de Monseigneur, salué par des vivats plus

---

(1) Ils s'aimèrent pendant leur vie, et ils ne sont pas séparés dans la mort. (II Reg., I. 23.)

(2) Extrait du procès-verbal relatant le transport des restes de M. Mongazon à la communauté de Saint-Martin. Nous devons ces détails à la bienveillante communication de M. l'aumônier.

chaleureux, par des acclamations plus bruyantes qu'à l'ordinaire.

Par malheur, le mauvais temps était venu assombrir les visages et retarder les préparatifs. Vers trois heures, la pluie redoublait de violence, le tonnerre grondait au loin... Tout semblait désespéré... Les élèves seuls ne désespéraient pas. Alors, avec cette confiance qui sait faire violence au ciel, les jeunes enfants, groupés autour de la statue de la Sainte Vierge, entonnent le cantique bien connu, les jours de fête et de réjouissance au petit-séminaire de Beaupréau : *Donne-nous un beau jour.* Mais la Sainte Vierge paraissait sourde à leurs supplications.

La Sainte Vierge ne vous a pas écoutés cette fois, disait quelqu'un au milieu d'un groupe d'enfants. « Oh ! Monsieur, » ce n'est pas pour aujourd'hui que nous lui avons demandé » un beau jour, c'est pour demain, et Elle nous le don- » nera. » Cette confiance en effet ne fut pas trompée.

Quoique contrariée par le temps, la fête du soir, dite des *Adieux à la Sainte Vierge,* ne perdit rien de sa splendeur accoutumée, ou, plutôt, revêtit une splendeur nouvelle, grâce à l'abondance des lanternes vénitiennes disposées en festons sur la façade du collége et aux gracieux transparents qui avaient remplacé les fenêtres, transparents dus, ainsi qu'une grande partie des décorations, au pinceau si dévoué de M. de Livonnière.

Au centre du second étage, brillait M. Mongazon, élevé au milieu des nuages au-dessus de son collége bien-aimé, et de chaque côté, comme pour faire honneur au vieillard, se dessinaient les armes de ses deux illustres enfants, Monseigneur l'évêque d'Angers, et Monseigneur l'évêque de Limoges.

A l'étage inférieur, autour des armes du Pape, étaient groupés les écussons armoriés du révérend père abbé de

Belle-Fontaine, que la maison s'honore de compter au nombre de ses amis, et de M. le marquis de Civrac, avec quelques sujets emblématiques tirés des litanies de la Sainte Vierge.

La ville, toujours avide de prendre sa part de cette petite fête toute de famille, accourut avec son empressement ordinaire, et montra, une fois de plus, que le collége, c'est Beaupréau.

Pour répondre aux désirs qui nous ont été manifestés, nous reproduisons le *Chant des adieux*, chant toujours accompagné des larmes de ceux qui le répètent pour la dernière fois

CANTIQUE DES ADIEUX.

Salut, salut, image de Marie,
Doux monument où j'aimais à venir !
O mère, étends tes bras pour nous bénir,
   Vois, vois ta famille attendrie,
Bénis par toi tes enfants vont partir.

I.

On nous a dit : le bonheur en ce monde
N'a pu jamais établir son séjour...
Mais nous savons qu'en ces lieux il abonde,
Nous y vivons d'allégresse et d'amour.
Oh! n'es-tu pas, Beaupréau, douce patrie,
Une oasis au milieu du désert,
Un port commode à l'abri de la mer.

II.

Pourquoi faut-il quitter ce port tranquille
Et nous lancer sur les flots en courroux ?
Astre des mers, notre barque est fragile,
Sois notre phare, ô mère, conduis-nous.

Plus d'un récif fait obstacle au voyage,
Montre à nos yeux les dangers du chemin.
Oh! puissions-nous sans un triste naufrage
Rentrer au port, protégés par ta main!

III.

Oui, loin de toi, le bonheur est tristesse,
Le cœur ne peut se fixer sans retour ;
Vers toi bientôt tressaillant d'allégresse
Nous reviendrons ramenés par l'amour ;
Comme le flot que la brise évapore
Et que le vent emporte dans les airs,
Humble instrument d'une main qu'il ignore,
Fleuve ou torrent retourne au sein des mers.

IV.

Mais nos aînés, à ta voix maternelle,
Vont pour jamais quitter ce lieu chéri ;
Et de Jésus bientôt, troupe fidèle,
Contre l'enfer ils combattront pour lui.
Mais du bonheur goûté dans la famille
Ils garderont l'éternel souvenir.
Daigne sur eux, comme dans cet asile,
Tendre toujours tes bras pour les bénir!

Comment redire les alarmes et les angoisses de la nuit orageuse qui suivit! Tous les cœurs étaient dans la crainte ; le sommeil avait fui et chaque coup de tonnerre, chaque rafale de vent semblait enlever quelque chose des espérances.—A peine le jour avait-il lui que tous les élèves interrogeaient le ciel du regard et se demandaient avec anxiété si leur prière n'avait pas été exaucée.

Mais la Sainte Vierge n'avait voulu que mettre leur confiance à l'épreuve ; malgré les menaces du temps, la journée fut magnifique.

Dès l'aurore, partout s'activaient les préparatifs, les rues changeaient d'aspect et revêtaient leur verte parure.

A huit heures, les cloches de la ville et de Saint-Martin, sonnant à toutes volées, annonçaient au loin le commencement de la fête. Pendant que de toutes parts accouraient les populations voisines, la procession se réunissait à l'église de Notre-Dame, puis se dirigeait en silence vers Saint-Martin, grossissant ses rangs à chaque pas.

Disons, tout de suite, que personne n'avait voulu rester étranger à la fête. M. le maire de Beaupréau se faisait gloire de se confondre et de disparaître au milieu des anciens élèves de M. Mongazon ; la musique de la ville, sous l'habile et zélée direction de M. de Livonnière, tenait à rivaliser avec celle du collége et la belle compagnie des sapeurs-pompiers, par l'organe de son digne capitaine, avait accepté, avec bonheur, de venir augmenter l'ordre et rehausser l'éclat de la cérémonie.

Arrivée à Saint-Martin, la tête de la procession s'arrêta, le clergé et les laïques, anciens élèves de M. Mongazon, s'avancèrent et entrèrent seuls dans l'église. Alors un chœur de chantres commença l'office des Morts et la procession, continuant les chants, se remit en marche, enrichie du précieux dépôt qu'elle était venue chercher.

Laissons, pour un moment, l'ordre et les détails et hâtons-nous de rentrer à l'église de Beaupréau.

C'est là que devait être célébrée la messe solennelle. L'église avait été tendue de noir, comme dans les deuils publics ; le temple saint allait redire les chants de la supplication et de la douleur ; et pourtant des pensées de triomphe pouvaient-elles ne pas se faire jour à travers ces apprêts lugubres, lorsqu'il s'agissait d'un serviteur de Dieu, déjà proclamé saint par l'enthousiasme de tout un peuple.

Le corps fut reçu, à l'entrée de l'église, par Nosseigneurs

les évêques d'Angers et de Limoges, et bientôt commença le saint sacrifice de la messe, célébré par M. l'abbé Menard, vicaire-général, assisté de M. le curé de Longué, enfant de Beaupréau et particulièrement chéri de M. Mongazon, et de M. le curé de La Poitevinière, ancien vicaire de Beaupréau.

Qui n'a été frappé de la majesté du *Requiem,* chanté avec l'ensemble le plus parfait par les élèves du collége, aidés du concours des chantres de la ville? A cette masse imposante de voix succéda, au milieu du recueillement et du silence, la voix argentine de deux enfants, prolongeant, avec expression, les suppliantes invocations du *Kyrie, eleison,* prière si touchante dans sa simplicité et qui allait tout droit à des cœurs préparés aux émotions.

Qui a pu oublier cette voix toujours fraîche et limpide, si connue au collége de Beaupréau, faisant retentir à nos oreilles le chant plaintif du *Dies iræ?*

Toute la messe enfin, préparée en peu de temps par les soins de MM. les directeurs de la musique du collége, a pu faire entrevoir quelques-unes des ressources de la musique religieuse, et prouver, une fois de plus, que les chants de l'Eglise, convenablement interprétés, ne le cèdent à la musique profane, ni en mâle beauté, ni en grandiose harmonie.

Nous arrivons au panégyrique de M. Mongazon, prononcé par Monseigneur l'évêque de Limoges.

Laissons ici la parole au premier narrateur de la fête, homme encore plus distingué par sa foi et sa fermeté chrétienne que par sa naissance et l'éclat de ses talents. Mieux que nous, il peut apprécier cette œuvre magnifique, puisque nous n'avons pas eu comme lui l'incomparable bonheur de connaître M. Mongazon (1).

« C'est ici le principal événement de la fête…. Nous n'a-

(1) M. le vicomte Ch. de Caqueray, *Union de l'Ouest,* 27 juillet.

» nalyserons pas ce beau, si touchant et si complet discours,
» que chacun voudra lire. Monseigneur de Limoges nous a
» montré M. Mongazon, au début de sa carrière sacerdotale,
» pendant la Révolution, et ensuite, lorsqu'il releva les
» ruines du temple dans cette ville de Beaupréau. Il est im-
» possible de tracer un portrait plus ressemblant du saint
» prêtre; impossible de mieux faire ressortir sa foi, son ad-
» mirable piété, ces vertus de toute sorte, sa simplicité, sa
» bonté étrange et incomparable. Chacun s'interrogeant mu-
» tuellement se disait : Oui, c'est lui, c'est bien lui, c'est lui tel
» que nous l'avons connu ; en vérité, il ne nous y manquait
» que ses traits qu'aucun peintre n'a pu inventer de nouveau.
» Et puis, s'élevant plus haut, Monseigneur de Limoges nous
» a montré les actes de ce prêtre béni, la puissance et la
» fécondité de ses œuvres qui germent et croissent encore;
» enfin il nous a révélé le secret de ces merveilles, si bien
» que nos âmes s'élevaient avec celle de l'éloquent évêque
» qui fut là, dans ce cher collége de Beaupréau, notre ami;
» et il retombait de ses lèvres comme une inspiration non-
» seulement pour nous élever, mais pour nous rendre meil-
» leurs sous le regard céleste de celui dont il célébrait l'in-
» effaçable mémoire. »

Nous n'ajouterons qu'un mot à ces paroles qui révèlent une grande âme, c'est que tous les cœurs étaient attendris, de tous les yeux s'échappaient des larmes, larmes de bonheur, telles qu'en versent les enfants, lorsqu'ils retrouvent un père dans ces lieux mêmes où s'écoulèrent leurs plus beaux jours, près du foyer où ce père les entoura de ses plus tendres affections.

L'absoute terminée, la procession se remettait en marche; et les restes de M. Mongazon, après avoir traversé les rues de la ville dont il fut autrefois le pasteur et le père, allaient rentrer dans les murs de ce collége qui, depuis plus de trente ans, pleurait son absence.

Ici la cérémonie change, en quelque sorte, de caractère : nous n'apercevrons plus les sombres décorations du deuil et de la tristesse, nous n'entendrons plus ces chants funèbres aux notes graves et voilées que l'Eglise a mis aux livres de la douleur, hymnes sublimes dont tout le monde a cent fois admiré le sens profond et les magnifiques harmonies. Oui, désormais, c'est la joie, c'est le triomphe, ce sont ses tressaillements indicibles, ses cris d'enthousiasme, ses cantiques de bonheur.

Memento, Domine, David, et omnis mansuetudinis ejus, entonne le chœur des chantres ; Seigneur, souvenez-vous de ce saint, de ce prêtre et de toute la mansuétude de son cœur.

Cette maison où la reconnaissance le ramène, il l'avait choisie pour sa demeure, pour le lieu de son repos (1) ; c'est là qu'il avait été le secours de la veuve, c'est là qu'il avait rassasié les pauvres du pain de sa charité ; c'est là que le retour de sa cendre fera revivre sa bienfaisance et les nobles traditions de ses vertus ; son esprit, esprit de salut, inspirera les prêtres qui, après lui, se consacrent à son œuvre, et les saints anges du sanctuaire tressailleront à son approche.

En tête de la procession, s'avance, sous la croix de la paroisse, le pensionnat des dames de Chavagnes et les petites filles de la ville ; puis viennent les petits garçons des écoles dirigées par les frères de Saint-Gabriel ; au milieu d'eux, la musique de la ville alterne ses marches triomphales avec celle du collége ; et à la suite des élèves se déroulent deux longues files composées de cinq cents prêtres environ, accourus pour fêter, les uns un père, les autres un restaurateur du clergé, tous un saint.

---

(1) Hæc requies mea... hic habitabo quoniam elegi eam... Viduam ejus benedicens benedicam, pauperes ejus saturabo panibus.... Sacerdotes ejus induam salutari et sancti ejus exultatione exultabunt. (Ps. cxxxi.)

Les restes précieux sont portés tour à tour par les prêtres, enfants de M. Mongazon ; des laïques, ses enfants aussi, tiennent les quatre cordons du drap d'or qui recouvre les ossements vénérés de leur père, et de jeunes séminaristes, premiers lévites de la nouvelle génération, escortent pieusement le brancard, une torche allumée à la main. Touchante pensée qui réunit les deux âges, dans l'accomplissement d'un même devoir, comme ils sont unis dans un même amour.

Enfin Nosseigneurs les évêques d'Angers et de Limoges, suivis du groupe des élèves laïques, ferment le cortége.

Nous renonçons à décrire toutes ces merveilles de décoration qui ont tant étonné les étrangers et qui rivalisaient entre elles d'élégance, de délicatesse et de bon goût. Comment faire reparaître aux yeux éblouis ces arcs de triomphe, ces guirlandes de verdure, entrelaçant avec grâce leurs festons et encadrant des sentences, des devises, toutes d'un choix vraiment admirable et de l'à-propos le plus heureux. Toutes exprimaient le souvenir reconnaissant des bienfaits de M. Mongazon, et le bonheur que causait son retour : toutes témoignaient de la confiance des habitants de Beaupréau en la sainteté de leur ancien pasteur.

Citons-en quelques-unes au hasard :

Potens in operibus.
Fuit gratus Deo.
Memoria justi cum laudibus.
Beati qui te viderunt.

Ici :

Beaupréau gardera ta mémoire.
Urbain, protége tes enfants.

Là :

Il a passé en faisant le bien.
Le juste fleurira comme le palmier.

Partout, ce sont de gracieux écussons aux armes du Pape, de Nosseigneurs les évêques d'Angers et de Limoges, au chiffre du vénérable M. Mongazon ; ou bien encore, c'est le portrait du saint patriarche qu'on a détaché, ce jour-là, du manteau de la cheminée, où il a sa place d'honneur, pour le suspendre au milieu de légères arcades avec des légendes comme celles-ci :

A M. Mongazon, curé de Beaupréau.
A M. Mongazon, confesseur de la Foi.

Il nous serait plus difficile encore de peindre la joie à la fois enthousiaste et recueilli des anciens élèves, de tous les habitants de la ville et de ces populations sympathiques accourues de tous les côtés pour prendre part à la fête de famille, honorer la mémoire d'un homme de Dieu, d'un saint en vénération dans tout le pays. C'est le titre que lui donne déjà la voix publique et plus d'un de ses enfants, nous le savons, se surprit à l'invoquer, lorsqu'il pensait prier pour lui.

Nous voudrions être court ; mais il est des incidents qu'on nous reprocherait de passer sous silence, si nous les omettions, ou d'avoir défigurés, si nous ne leur donnions le développement qu'ils méritent.

Pourquoi les prêtres, au lieu de suivre la rue principale de la ville dans laquelle s'est engagée la procession toute entière, pourquoi ces prêtres, fiers de porter sur leurs épaules le précieux dépôt qu'on leur a confié, se sont-ils détournés à droite ? Suivons-les. Bientôt, dans un angle qui le cachait, nous apparaît un vaste portail couronné de cette sentence :

Sepulchrum erit gloriosum (1).

Nous entrons dans une cour embellie par un délicieux par-

---

(1) Is., xi. 10.

terre et disposée avec ce goût que savent seuls inspirer les sentiments les plus exquis du cœur, unis aux délicatesses de la piété chrétienne.

Au milieu de la verdure, un autel nous montre, sur son degré supérieur, les mains coulées en plâtre de M. Mongazon, avec ces deux devises :

> Sa main nous a bénis.
> Il a prié pour nous.

Puis, apercevez-vous cet écusson au milieu du feuillage : « *Corona filiorum gloria patris;* » et cet autre : « *Refloruit caro mea* (1). »

Nous sommes dans l'ancienne maison des enfants de chœur, théâtre des premiers travaux de M. Mongazon, théâtre aussi de ces privations, de ces luttes corps à corps avec les difficultés de tout genre, inséparables d'un œuvre qui commence et dont notre vénérable évêque nous fera ce soir une peinture si vivante et si naïve.

Comme les cendres de notre bienheureux Père durent tressaillir, en touchant les murs de cette pauvre chambre témoins, pendant tant d'années, de ses œuvres de pénitence, de sa charité pour les pauvres, de son amour pour les enfants, de toutes les industries du zèle sacerdotal le plus désintéressé et le plus pur.

Tous ceux qui pénétrèrent dans cette demeure furent saisis d'une profonde et religieuse émotion, leurs yeux se mouillèrent de larmes et ils ne s'avançaient qu'avec un saint respect, comme sur le sol béni d'un sanctuaire. Ils ne se trompaient point. Là vécut un saint, et là, de nos jours encore, le désintéressement, la charité et toutes les vertus qui, pour faire le bien, n'ont pas besoin de se produire avec éclat, semblent avoir fixé leur domicile.

---

(1) Ps. xxvii. 7.

Notre vénérable évêque, l'aîné de la famille et, avec lui, les plus anciens élèves de M. Mongazon semblaient, eux surtout, ne pouvoir s'arracher de ces lieux qui leur rappelaient, avec ses doux souvenirs, les jours heureux de leur enfance. Que leurs larmes pour nous étaient éloquentes ! Oh ! la mémoire du cœur n'est donc pas seulement une vertu, c'est une source intarissable de joies toujours vives, de pures et incompréhensibles émotions !

La procession, un instant interrompue, reprit bientôt sa marche au chant de l'*In exitu Israel de Ægypto,* hymne de joie que le saint patriarche avait entonné lui-même, lorsqu'en 1816 il quittait la maison des enfants de chœur, comme autrefois Moïse fuyait l'Egypte avec les enfants d'Israël, pour aller en la terre promise ; la terre promise, objet de tous les vœux de M. Mongazon, c'étaient les bâtiments de l'ancien collége affectés, depuis la Révolution, à tout autre usage qu'à l'éducation religieuse des enfants.

Hâtons-nous de descendre la rue principale ; traversons cette place, où la piété des habitants a élevé un trône entouré de verdure et de guirlandes, pour inviter le corps du saint vieillard à s'y reposer et à bénir les maisons d'alentour. A chaque pas, dans cette fête toute de cœur, de nouvelles émotions nous sont offertes. Nous arrivons au portique du noble château de Beaupréau, que la piété filiale a transformé en chapelle ardente, où les légendes les plus significatives se lisent à la lumière des flambeaux :

Entrez, vénérable vieillard, dans cette demeure qui vous est connue et qui vous fut si chère. Jadis, elle s'ouvrait tous les jours devant vos pas ; vous y trouviez, avec la cordiale hospitalité d'une famille grande par la naissance et par le cœur, le respect pour votre caractère, l'estime et l'amour pour vos vertus ; vous y étiez l'ami intime du foyer, l'ami dont l'apparition quotidienne apportait le bonheur dans une maison devenue la vôtre par l'affection de ses habitants (1) ; vous y fûtes pendant de longues années l'inspirateur et le conseiller de toutes les bonnes œuvres (2), l'âme de toutes les nobles entreprises et de tous les généreux projets pour le bien de la cité et de la contrée entière... Aujourd'hui, vous y rencontrerez la même vénération, le même culte de sainte affection et de filial respect. Que vos yeux soient donc ouverts du haut du ciel sur cette maison et la nuit et le jour (3). Mais avant de poursuivre votre route, bénissez cette demeure et protégez toujours, près de Dieu, ceux qui regardent comme un des plus beaux ornements de leur illustre blason la protection bienveillante donnée à vos plus jeunes enfants.

N'accorderons-nous pas ici quelques instants d'attention à cette rue du Château, ornée avec une richesse incomparable de décors, une profusion de fleurs et de guirlandes, dont l'arrangement parfaitement entendu n'étonnera personne, lorsqu'il saura qu'il faut en féliciter surtout une noble héritière des vertus et du dévouement de Mme d'Aubeterre, que nous retrouvons partout où une bonne œuvre sollicite son concours, puis le premier magistrat de la cité de Beaupréau, dont tout le monde apprécie le zèle intelligent et empressé pour tout ce qui regarde l'ordre, les intérêts et l'honneur de la commune, et enfin l'architecte distingué qui a doté la paroisse de cette église, objet de notre constante admiration.

Arrêtez aussi, un moment, vos regards sur le défilé imposant de la procession, depuis la porte du château jusqu'au bas de la rue qui s'incline, au milieu des festons de verdure et de guirlandes ; quel spectacle émouvant présenté par ces deux longues files de prêtres en habit de chœur, dont les

---

(1) Dilectus meus descendit in domum suam. (Jér., XI. 15.)
(2) Omnia enim opera nostra operatus est nobis. (Is., XXVI. 12.)
(3) Sint oculi tui aperti super domum hanc nocte ac die. (III Reg., VIII, 29.)

premiers prenaient déjà le détour de la rue voisine, quand les autres sortaient à peine du château. Quelle escorte! quel triomphe! mais aussi quel dévouement et quel amour!

N'omettons pas, en passant, de payer notre tribut de reconnaissance aux habitants de la rue Mongazon, dont la coopération active et dévouée fut d'un si grand secours aux professeurs du collége pour l'ornement de cette rue, la plus humble peut-être, mais non pas la moins fidèle au souvenir de celui dont elle porte le nom.

Nous voici à la porte du collége. Le précieux trésor porté, pour la dernière fois, sur les épaules du respectable supérieur du petit-séminaire d'Angers, du prêtre vénéré qui, depuis longues années, gère avec tant d'abnégation les intérêts matériels de cette maison et de quelques professeurs dévoués, avec eux, à la même œuvre, est remis à M. le supérieur de Beaupréau et à ses professeurs auxquels est confiée désormais la garde de ce saint et noble dépôt.

Urbain, ô notre Père, il est donc accompli le plus cher de vos vœux! Vous avez repris possession de cette terre qui fût votre patrie adoptive et le théâtre le plus illustre de vos labeurs. Vos enfants sont heureux, ces murs, si tristes le jour où vous les quittiez pour ne plus les revoir, ces murs, secouant aujourd'hui le manteau de vieillesse dont les a chargé le temps, ont voulu se revêtir, en signe de réjouissance, et de ces légères banderolles qui se balancent au souffle de la brise, et de ces oriflammes aux vives couleurs, et de ces guirlandes de verdure qu'avec tant de bonheur ont entrelacées pour leur père les plus jeunes enfants de votre famille.

Entrez donc, soutenu par ces prêtres qui s'appliquent à votre œuvre et voudraient être les héritiers de votre douceur, de votre amour pour l'enfance et de toutes vos vertus. La famille qui vous entoure est plus nombreuse qu'aux jours de la tristesse, puisque, comme au temps où les Israélites transportèrent Jacob dans la terre de Chanaan, vous pouvez compter ici les enfants de vos enfants jusqu'à la quatrième génération.

Urbain a voulu cette demeure pour *le lieu de son repos*, dit une devise écrite sur le portail de la porte d'entrée, *il y habitera, parce que lui-même l'a choisie* (1). Le souvenir d'Urbain était l'âme de toutes nos fêtes; absent, nous l'aimions, nous l'invoquions et faisions des vœux ardents pour son retour, et son nom proclamé par la reconnaissance avait un écho dans tous les cœurs; présent parmi nous, notre joie sera sans mélange de tristesse (2). Le nom d'Urbain sera toujours notre cri d'amour, notre hymne de bonheur; Urbain sera l'ange protecteur de la famille; avec Urbain plus de craintes, plus d'alarmes: et désormais les enfants de Beaupréau pourront chanter cette strophe de la cantate :

> Sa sainte présence
> Nous protégera,
> Et sur notre enfance
> Urbain régnera.

La procession avait déployé, sans confusion, ses masses serrées sur la terrasse et dans la cour de récréation du collége: alors les restes du saint vieillard, recevant sur son passage, comme autrefois, le témoignage du respect et de l'amour de tous ses enfants, traversèrent les rangs de ces mêmes enfants et arrivèrent enfin dans cette modeste chapelle qu'il avait tant aimée et qu'une main habile, grâce au concours de personnes généreuses, avait su transformer. Le corps de

---

(1) Hæc requies mea... hic habitabo, quoniam elegi eam. (Ps. cxxxi.)
(2) Veniam ad vos..... tristitia vestra vertetur in gaudium. (Joan., xvi. 20.) Inscription à la porte de la chapelle.

M. Mongazon s'avança triomphalement sous les couronnes, les banderolles et les oriflammes aux joyeuses couleurs.

NN. SS. les évêques d'Angers et de Limoges, après les chants accoutumés de l'Eglise, firent déposer le précieux trésor en face et tout près de cet autel où, pendant tant d'années, avec la ferveur d'un ange et d'un saint, M. Mongazon célébra les sacrés mystères, pour ses enfants, pour sa bonne ville de Beaupréau et pour le diocèse dont les intérêts religieux lui étaient si chers.

Avant d'être transporté au lieu que lui avait préparé la piété filiale, le corps de M. Mongazon demeura exposé toute la journée dans la chapelle, et là, ses anciens élèves, les enfants du collége, la foule des fidèles ne cessèrent d'aller satisfaire leur dévotion auprès des restes vénérés de celui que tous aiment, que tous invoquent déjà comme un élu de Dieu.

Disons quelques mots du banquet fraternel qui réunit ensuite tous les anciens élèves de M. Mongazon, prêtres et laïques, dans la salle d'étude transformée en salle de festin, avec sa voûte de verdure, ses arceaux et ses nervures en guirlandes de couleurs variées, ses gracieux pendentifs de fleurs, puis ses blanches murailles couvertes d'écussons aux capricieuses arabesques qui encadrent des sentences bien connues et d'autant plus précieuses :

> Vive Urbain dans tous les cœurs,
> Vive sa loi paternelle !
> Que son joug a de douceurs !
> Que ses attraits sont vainqueurs !
>
> . . . .
>
> Ah ! qu'il est doux ton empire !
> Trop heureux qui vit sous toi,

Tes ordres sont un sourire.
L'amour seul voilà ta loi !

D'autres devises tirées de nos saints livres redisaient les
vertus de notre père :

Pro affectu pater appellabatur (1).
Vir mitissimus super omnes homines (2).
Tanquam si nutrix foveat filios suos (3)...
Volui clementiâ et lenitate gubernare (4).

Exprimer le bonheur des anciens élèves nous serait chose
impossible : nous aimons mieux laisser encore la parole
à l'un d'eux déjà cité plus haut : « Au milieu du banquet,
» le chant entraînant, à l'usage autrefois de la fête de
» M. Mongazon, le *Vive Urbain dans tous les cœurs* a été
» spontanément entonné et répété par nos voix, comme
» dans le temps où elles étaient enfantines. Vraiment nous
» étions reportés au temps d'autrefois par un mystérieux
» et bien doux entraînement de nos imaginations ; chacun
» cherchait à reconnaître quelque ancien condisciple blanchi
» maintenant par les années ; on se serrait cordialement
» la main ; un souvenir unique toutefois présidait à tout :
» c'était celui de M. Mongazon redevenu dans ce jour l'âme
» de toutes les autres. »
C'était, en effet, un bien émouvant spectacle de les voir
tous, anciens professeurs et anciens élèves, se rencontrer,
s'embrasser, pleurer ensemble d'attendrissement, se mon-
trer ces murs, les mêmes qu'autrefois mais noircis par
l'âge, ces arbres, jeunes au moment de leur départ, et
aujourd'hui couvrant d'une ombre immense la cour où ils

---

(1) II Mach., 14.
(2) I Thess., ii. 7.
(3) Num., xii. 3.
(4) Esth., xiii. 2.

prirent leurs ébats, puis chercher cette place qu'ils occu-
paient à l'étude, en classe, à la chapelle, tout contempler
dans les moindres détails et reconnaître avec bonheur que
rien n'est changé dans la disposition de cette maison, le
berceau de leur enfance, le plus doux souvenir de leur
vie ; et tout cela, suivant le fidèle témoin que nous citions
tout à l'heure, avec une préoccupation unique, la pensée
de M. Mongazon, l'éloge de cet homme qui aimait tellement
ses enfants que chacun d'eux se croyait le préféré, le fils le
plus cher à son cœur.

Une journée déjà si pleine devait avoir d'autres émotions
encore.

Il nous reste à parler le plus brièvement possible de la
distribution solennelle des prix.

Et d'abord nous dirons franchement que nous avons
regretté la pensée qui a fait supprimer, de crainte de
prolonger trop la distribution, une gracieuse pièce de vers
inspirée par la fête même à un élève de rhétorique, Denis
Baumard, d'Andrezé ; qu'on nous permette d'en citer, au
hasard, quelques strophes.

Après nous avoir peint la paix et la tranquillité du collége
de Beaupréau, en 1831, lorsque fut frappé le coup qui
plongea dans la douleur M. Mongazon et ses enfants, le
jeune poète s'écrie :

> Lis qui devez bientôt parer le sanctuaire,
>> Fleurs du printemps, sans crainte grandissez.
> Jamais, à ses enfants, jamais si tendre mère
>> Ne prodigua des soins plus empressés.
>
> . . . .
>
> O printemps de la vie, ô fleurs sitôt fanées,
>> Joie, élans des jeunes années,

> Qu'il est doux votre souvenir !
> Aimable candeur de l'enfance,
> Beaux rêves de l'adolescence,
> Pourquoi, pourquoi trop tôt finir ?

La tempête a éclaté ; elle a dispersé les enfants ; et le père privé de sa famille erre triste mais résigné dans ces lieux animés naguère, aujourd'hui déserts. Bientôt lui est imposé un nouveau sacrifice ; tandis que les affections de son cœur le retiennent à Beaupréau, le désir de son évêque l'appelle ailleurs ; et, par la bouche du poète, il exhale ainsi sa tristesse et ses regrets :

> Lieux que j'aimais, adieu ! je vous quitte et je pleure !
> Adieu, douce patrie ! adieu, sainte demeure :
>   Bien loin de vous Dieu m'appelle, et j'y cours
>
>   . . . .
>
> Et j'avais cru pourtant, Evre aux rives fleuries,
> Que du vieillard, un jour, les cendres refroidies,
> Ici reposeraient auprès de ses enfants.
> J'espérais sur tes bords terminer ma carrière,
> J'espérais que mes fils, à mon heure dernière,
>   Ici pourraient fermer mes yeux mourants.

Enfin après avoir chanté la joie du triomphe si longtemps attendu, l'enfant termine par ces vers que lui inspirent la piété filiale et l'amour :

> . . . . . : Lorsque le départ sonne,
> Que la joie en ces lieux rayonne,
> Nous te disons : Tendre Père, au revoir.
>   Oui bientôt, auprès de ta tombe,
>   Nous reviendrons, quand le jour tombe,
>   Chanter et prier chaque soir.
> Et quand nos jeunes fronts flétris par les années,
> Comme des fleurs sur leur tige inclinées,

> Tristes s'abaisseront sous le poids des douleurs,
> Bon père, tes enfants près de ton mausolée,
> Pour soulager leur âme désolée,
> Retourneront encor verser des pleurs.

La musique avait fait entendre ses joyeux accords. La fête de la distribution fut ouverte par un discours que prononça M. le supérieur ; ce discours, œuvre du cœur, et tout plein de la grande pensée de M. Mongazon qui plane sur cette journée, fut accueilli avec la plus bienveillante attention et souvent interrompu par les plus chaleureux applaudissements. Nous ne voudrions pas le défigurer dans une froide et sèche analyse et nous estimons qu'on nous saura gré d'avoir fait violence à la modestie de M. le supérieur pour le donner *in extenso* :

MESSEIGNEURS,
MESSIEURS,
MES CHERS ENFANTS,

La solennité qui vient de s'ouvrir et qui va terminer cette journée mémorable, sera mémorable, elle aussi, et glorieuse, entre toutes les autres, pour le collége de Beaupréau.

Il l'a compris ; et cette immense couronne qu'il tient lui-même suspendue sur vos têtes, ces inscriptions, ces légendes, ces décorations qu'il a préparées avec la patience de l'amour et qu'il a jetées avec profusion, partout où vous deviez porter vos pas, ne sont qu'une traduction impuissante de toutes ses joies et surtout un témoignage trop faible de sa reconnaissance.

Mais, j'ai hâte de le dire, si ces décorations semblaient destinées à parer ou à déguiser sa vieillesse, ce vieux collége s'indignerait.

Pour lui, des parures aujourd'hui ! Ah ! ses nombreux enfants qui se pressent dans son enceinte, les hautes dignités qui couronnent leur mérite, l'éclat de leurs services et de leurs vertus, leur généreux et fidèle amour , les voilà ses plus belles et ses plus riches parures, il n'en veut point d'autres. Celles-là suffisent à l'ornement , à la gloire et au soutien de sa vieillesse , vieillesse toujours féconde et qui lui est plus chère que jamais.

Enfants de Beaupréau , vous parler de votre vieux collége ? c'est vous parler encore de M. Mongazon.—Car ces deux noms ne font qu'un.

La catastrophe de 1831 put frapper au cœur M. Mongazon , et plus tard l'obéissance sut lui inspirer un dernier sacrifice , sacrifice héroïque que Dieu bénit et récompensa généreusement , car il valut au diocèse un magnifique établissement digne de M. Mongazon et digne de porter son nom ; mais personne ne l'ignore, Beaupréau resta toujours l'âme de sa vie, il ne l'oublia jamais , et jusqu'à son dernier jour , il eut pour lui des regrets , des espérances et des prières.

Au ciel, Messieurs, aurait-il donc pu l'abandonner ? Qui pourrait le croire et qui oserait le dire ? Non, non, il n'en fut point ainsi ; ange fidèle, M. Mongazon, du haut du ciel, veilla toujours sur Beaupréau, toujours il entretint et raviva cette petite étincelle de vie qui brillait encore, dernière espérance de l'avenir, et le souffle ardent de sa prière l'empêcha seul de s'éteindre.

Dans les plus mauvais jours et dans les plus redoutables épreuves, c'est lui, n'en doutons pas, qui ranimait la confiance, soutenait les courages , inspirait les sages et généreuses pensées et par toutes les voies préparait la résurrection.

Enfin, fut entonné, pour la seconde fois, le psaume *In exitu Israel* , ce chant du retour devenu désormais traditionnel , et M. Mongazon, grâces à ses enfants, reprenait possession complète et définitive de ce collége, le jour où sa chapelle profanée trop longtemps , hélas ! et mutilée par des mains sacriléges, était rendue au culte divin, le jour où dans cette maison il trouvait de nouveaux enfants à bénir.

C'était le 25 mai 1857, fête de saint Urbain ! Quelle fête sur la terre, et comme l'âme de M. Mongazon dût tressaillir au ciel !

Cependant, Messieurs, il attendait de notre piété filiale une dernière réparation et un dernier triomphe.

Aujourd'hui tous ses désirs sont accomplis, puisque son corps, lui aussi, habite et repose en ces lieux; et il me semble en ce moment que sa grande ombre, à son tour reconnaissante, s'incline et s'étend sur cette assemblée pour la couvrir de ses bénédictions les plus paternelles.

En vain, Messieurs, j'essaierais de m'arracher à ces pensées et à ces souvenirs. Je subis, en quelque sorte, la religieuse influence de M. Mongazon. Tout me ramène à lui, tout me parle de lui.

Si je lève les yeux vers le premier pasteur de ce diocèse, sa blanche couronne et son doux sourire me rappellent les traits vénérables de notre bon père, tel que je l'ai connu dans mon enfance.

Il avait reçu lui aussi, avant l'âge, cette couronne, prix ordinaire de la lutte, du sacrifice et du dévouement. Sur son visage brillait ce même sourire de père, cette bonté et cette tendresse affectueuse qui lui soumettaient les volontés les plus âpres et les plus rebelles. C'était même, vous me l'avez répété souvent, Messieurs, c'était là son grand secret pour ravir et enchaîner à jamais tous les cœurs.

« Il était si bon pour tous que chacun se croyait son enfant de prédilection. »

Ce secret était, sans doute, un de ces précieux secrets de famille que les aînés seuls reçoivent en héritage et en dépôt.

Vous êtes, Monseigneur, l'aîné de la grande famille de Beaupréau, l'aîné des enfants de M. Mongazon. — Je n'aurais pas besoin de le dire, car tous ceux qui m'écoutent savent que vous avez son secret; mais personne ne le sait mieux que vos enfants de Beaupréau, et la nouvelle faveur que vous avez accordée hier à ce collège, en l'accordant à un de ses maîtres les plus dévoués et les plus estimés, bien qu'il sache toujours s'effacer et dérober ses vertus, cette nouvelle faveur aurait suffi, Monseigneur, pour vous gagner tous nos cœurs, si vous ne les aviez possédés déjà depuis longtemps (1).

---

(1) M. le Supérieur avait reçu la veille de Mgr l'évêque, et avait tenu cachée à M. Ménard une lettre où Sa Grandeur annonçait à ce digne aumônier du collège, le

Ah ! puisse Votre Grandeur venir, longues années encore, comme aujourd'hui, en recevoir le sincère et filial hommage.

Si je me tourne vers l'illustre évêque de Limoges, gloire, lui aussi, du collége de Beaupréau, pour déposer respectueusement à ses pieds mon juste tribut d'actions de grâces et d'éloges, ma langue hésite.... L'éloge expire sur mes lèvres, et c'est l'éloge de M. Mongazon qui s'empare de ma pensée ; c'est aux lèvres de l'orateur que, saisie et remise sous le charme, mon âme veut rester silencieusement suspendue.

Avec lui je m'afflige au récit de la grande tempête qui bouleverse l'Eglise et menace de la submerger, mais avec lui, bien vite, je vois sans trembler passer l'orage sur nos têtes.

Non, l'Eglise ne périra pas, elle sortira de cette nouvelle épreuve plus brillante et plus forte.

Le flot, en courroux, aura rejeté de son sein l'écume et l'immondice ; le sang de pures et saintes victimes aura rempli l'office de ces nuées bienfaisantes qui viennent fertiliser la terre en même temps qu'elles dissipent la foudre dont le ciel est chargé ; emportée par les vents jusque dans les lieux inaccessibles et les lointains déserts, la graine féconde y germera, y portera des fruits abondants, tandis que le chêne vigoureux, s'enracinant plus fortement dans le sol, y bravera la tourmente, servira d'asile, de refuge, de point de ralliement et de salut au troupeau dispersé.

C'est sous cette dernière image que commence à nous apparaître la noble figure de M. Mongazon, triste encore, comme doit l'être celle d'un exilé ou d'un proscrit qui pleure sur sa patrie, mais calme et forte comme celle d'un confesseur de la Foi, d'un héros et d'un saint.

Quand les nuages se déchirent après la tempête, et que le soleil apparaît tout à coup radieux et splendide, c'est la joie et l'allégresse dans toute la nature.

---

seul qui pût s'étonner d'une juste récompense accordée à ses longs et utiles services, qu'Elle le nommait avec bonheur Chanoine honoraire, en ce jour où les enfants de M. Mongazon se réunissaient pour rendre hommage aux vertus et à la mémoire d'un père bien-aimé.

Voilà, Messieurs, ce que nous avons tous éprouvé ce matin, quand nous apparut dégagée de nuages, la vraie, la ravissante figure de M. Mongazon, de M. Mongazon, le père, l'ami, le bienfaiteur de notre enfance, celui que nous avons tous connu et que nous avons tant aimé.

Oh! avec quel bonheur on nous l'a rendu.

Ne voyez-vous pas encore ses aimables traits, qui s'animent, se colorent et reprennent vie sous la main de l'artiste!

Chaque coup de pinceau ajoute un détail charmant, c'est une nuance, une simple ligne qui eût échappé à l'œil d'un étranger, mais qui n'a pu échapper à l'œil d'un fils et qui rend la ressemblance de plus en plus saisissante.

Qui ne s'est écrié mille fois, les larmes aux yeux : oh! le bon père! c'est bien lui!

Ne semblerait-il pas vraiment, Messieurs, que le fils possède l'âme et le cœur de son père? C'est pour lui comme un livre ouvert, ou, plutôt, c'est un écrin précieux dont il tire un à un tous les joyaux. Et comme il en connaît le prix! Avec quels accents de reconnaissance et d'amour il sait nous en faire admirer la beauté!

Cet éloge, Messieurs, restera, et il fera l'éloge du fils aussi bien que du père, il restera et deviendra, nous en avons la douce assurance, la première pierre du monument qui doit s'élever dans cette chapelle à la mémoire et à l'honneur de M. Mongazon.

Enfin si mes regards s'étendent sur cette majestueuse assemblée, où parmi tant de personnages illustres ils ne peuvent rencontrer que des amis, des bienfaiteurs ou des enfants généreux, cette vue, Messieurs, ne dirait-elle rien à mon cœur, et cette question peut-elle ne pas s'imposer à mon esprit : D'où nous vient aujourd'hui, d'où vient tant d'honneur pour le collége de Beaupréau?

Et pour réponse, j'entends le nom de M. Mongazon qui s'échappe de toutes les bouches comme une immense acclamation.

Oui, Messieurs, c'est encore M. Mongazon que vous voulez honorer, en venant ce soir honorer et encourager son œuvre.

Nous n'oublierons jamais ces sympathiques encouragements et cette visite à la fois filiale et fraternelle.

Leur souvenir affermira notre confiance et notre courage, il éclairera et dirigera notre zèle en nous rappelant les bases solides sur lesquelles repose ce collége et les vertus qui assureront, comme jadis, sa force et sa prospérité.

Nous n'oublierons point, non plus, Messieurs, laissez-moi vous le dire, le rare et touchant spectacle que vous nous avez donné ce matin. Ce spectacle console le cœur et le repose de tant d'ingratitudes, de tant de lâches oublis qui s'étalent de nos jours et se couronnent de leur honte.

Celui qui n'aurait point compris cette grande manifestation de respect, d'amour et de reconnaissance, ou qui n'aurait eu qu'un sourire à lui donner, celui-là, je le plaindrais! Il aura beau se dire de son siècle et passer pour homme d'esprit, jamais il ne pourra s'élever jusqu'à l'intelligence de la beauté et de la grandeur morales, ou, malheur! s'il s'élève jusqu'à ces grandes choses, ce sera comme ces insectes hideux et rampants, qui atteignent quelquefois les fleurs les plus élevées et les plus belles, mais pour les ronger ou les souiller.

M. Mongazon n'était qu'un simple prêtre, un instituteur de l'enfance, il n'était grand que par ses vertus, puissant que par ses bienfaits; il n'avait pour trésors que des trésors de dévouement et d'amour! Et vous, Messieurs, avec toute la population de Beaupréau dont la foi et la générosité sont devenues proverbiales, vous l'avez reçu, vous l'avez escorté, vous l'avez porté sur vos épaules comme un triomphateur. Oh! alors, vous m'apparaissiez, vous même, comme autant de triomphateurs; alors j'ai vu dans toute sa splendeur la vérité de cette parole de l'Esprit-Saint.

« *Fortis ut mors dilectio*, l'amour est fort comme la mort. »

La mort sépare, divise, efface, renverse et travaille avec une infatigable ardeur à faire tout rentrer dans le néant. Elle prouve bien par ses œuvres qu'elle est la fille du péché.

Sorti du cœur de Dieu qui est vie et charité, l'amour est la barrière opposée aux empiétements de la mort, c'est lui qui doit arrêter les ravages ou réparer les brèches qu'elle a faites.

De là cet antagonisme qui remonte aux premiers jours du monde. Hé bien! dans cette lutte de l'amour contre la mort, oui, enfants de Beaupréau, vous avez toujours été vainqueurs. La mort sépare et divise, et vous, Messieurs, au premier appel de l'amour, vous êtes accourus de tous les points du diocèse et des diocèses les plus éloignés. Dignités, rang, fortune, position sociale, distances, rien n'a pu vous arrêter, l'amour a surmonté tous les obstacles, a rapproché et réuni tous les enfants autour du même père, et ainsi se sont réalisées à la lettre pour M. Mongazon ces paroles prophétiques de nos saints livres :

« *Filii tui de longè venient, et filiæ tuæ de latere surgunt.* »

Car avec vous, Messieurs, des deux côtés opposés de ce diocèse se sont levées aussi les deux filles de M. Mongazon.

Mongazon qui vit s'éteindre notre père, et qui possède, à juste titre, la précieuse relique de son cœur, puisque c'est au dernier battement de ce puissant cœur qu'il doit la vie;

Combrée, fille aussi, on peut le dire, de M. Mongazon, puisque M. Drouet, son illustre et vénérable fondateur, est un enfant et un collaborateur de M. Mongazon, qu'il a puisé dans ses exemples et ses leçons une science achevée dans l'art difficile de l'éducation et la science plus difficile encore de fonder une œuvre durable.

Mongazon et Combrée se sont levés, ils sont venus pour faire honneur au père commun. Je les vois dans la personne de leurs dignes supérieurs; le mérite qui les distingue est ici trop connu pour que j'en fasse l'éloge, mais leur présence amicale et fraternelle a trop de prix pour moi et me rend trop heureux pour qu'il ne me soit pas permis de leur en adresser mes bien sincères remerciements, ainsi qu'à leurs vénérables collègues. La présence de quelques-uns me rappelle des souvenirs toujours bien doux et une vieille amitié qui me restera toujours chère.

Le plus éclatant, le seul vrai triomphe de la mort, c'est d'effacer le souvenir de sa victime, et jusqu'aux dernières traces de son passage sur la terre.

Ce triomphe, Messieurs, la mort ne l'a point remporté sur vous.

Depuis trente ans bientôt, M. Mongazon a quitté ce monde, et cependant son souvenir aussi bien que son image sont vivants au fond de vos cœurs.

Pourquoi faut-il que l'artiste ne puisse pénétrer dans ce sanctuaire de l'amour, son ciseau qui ne peut nous rendre fidèlement la chère image de notre père, parce qu'il ne la retrouve nulle part, la trouverait là dans toute sa perfection et toute sa vérité. c'est l'amour qui l'y a gravée, et c'est l'amour qui veille fidèlement à sa garde, « *fortis ut mors dilectio.* »

Disputant à la mort et lui arrachant ses plus ordinaires conquêtes, votre amour n'a pas seulement garde le souvenir et l'image de M. Mongazon, il s'est placé, comme un bouclier, devant ses œuvres, pour les protéger et les préserver de la ruine: ce n'est pas assez dire, il eut assez de puissance pour les ressusciter.

Ce collége, Messieurs, restera comme le monument le plus glorieux du triomphe de votre amour.

Il était mort et vous lui avez rendu la vie : « *Fortis ut mors dilectio.* »

Vos noms, généreux enfants, généreux amis et admirateurs de M. Mongazon, vos noms sont inscrits sur un livre d'or qui passera aux générations futures, mais de plus, j'en ai la douce confiance, ils ont tous été inscrits par M. Mongazon lui-même sur un livre qui s'appellera le livre des élus, car la charité chrétienne est la clef qui ouvre le ciel.

J'ai laissé trop longtemps s'épancher mon cœur, je l'arrête. Cependant, chers enfants, je ne puis vous quitter sans vous adresser encore une fois la parole, sans vous faire un dernier adieu, qui sera, comme il l'est toujours, un dernier conseil.

Je ne vous dirai qu'un mot : *Cogita patres tuos.* Vous avez d'illustres ancêtres, rappelez-vous ce qu'ils ont été, et n'oubliez jamais la grande leçon qu'ils vous ont donnée aujourd'hui; craignez de dégénérer : noblesse oblige.

C'est par les vertus qui distinguent vos frères aînés, que vous deviendrez, comme eux, l'honneur de la religion, et que vous pourrez rendre, comme eux, d'utiles services à la société et à l'Eglise.

Marchez donc sur leurs traces. Qu'il n'y ait que l'éclat de l'honneur et de la vertu qui vous séduise ; regardez comme faux, honteux et nuisible, tout ce qui n'est pas conforme aux lois de Dieu, de l'Eglise et de la morale. Soyez toujours fidèles au devoir et à sa devise : « Fais ce que dois, advienne que pourra. » Enfin, aimez Dieu par dessus tout.

S'il en est ainsi, vous aimerez la science, vous aimerez vos maîtres, vos parents et votre patrie, et plus tard, vous aussi, vons serez notre consolation, car vous serez *la gloire*, *l'ornement* vrai et le soutien de cette maison.

Sollicité ensuite par M. le supérieur de nous adresser quelques paroles sur le vénérable patriarche héros de cette fête, sur ce père qu'il a connu et aimé, Monseigneur l'évêque d'Angers charma toute l'assistance par une de ces causeries improvisées, toutes pétillantes de verve et de grâce où toujours il excelle. Voici quelques-unes de ses paroles aussi fidèlement reproduites que nous le permet notre mémoire après quinze jours écoulés :

« On veut que je parle du passé et de M. Mongazon ; mais ici tout parle de lui. Les murs vieillis de cette maison parlent, ces arbres eux-mêmes que vous avez vus si jeunes et qui sont aujourd'hui couverts d'une végétation si luxuriante, ces décorations gracieuses parlent ; plus que tout le reste, cette affluence des enfants de M. Mongazon venus pour célébrer un père, et, parmi eux, la présence de ce prélat, son fils lui aussi, qui a fait revivre la figure du vénérable patriarche dans un discours, désormais son plus bel éloge ; tout enfin ici ne parle-t-il pas à vos cœurs mieux que ne feraient mes paroles.

» Pourtant, puisque vous voulez des souvenirs, je puis

vous en donner, moi, le plus vieux des enfants de M. Mongazon. Cette œuvre, comme toutes les œuvres de Dieu, a eu les plus petits commencements. C'est le grain de senevé de l'Evangile. Jeté dans une terre fertile, il est devenu bientôt un grand arbre à la sève puissante et il offre aujourd'hui son bienfaisant ombrage aux petits oiseaux.

» Oui, cette œuvre eut les plus faibles commencements. En voulez-vous la preuve?

» Il y a bien des années, mon bon père venait présenter un tout jeune enfant à M. Mongazon. La ville de Beaupréau se relevait à peine de ses ruines, et M. Mongazon ne pouvait recevoir, que dans le presbytère, quelques pauvres enfants, l'espoir de la religion renaissante. Impossible de vous faire comprendre l'état de délabrement de cette maison; à peine si elle avait des portes, et, lorsqu'on nous y présenta, nous nous rappelons que nos regards surpris aperçurent l'ouverture de la cave toute béante : oh ! ne craignez pas, il n'y avait pas de vin. Pour dortoir nous avions un grenier sous les tuiles ; nous y montions par une échelle et les fenêtres mal jointes n'étaient closes que par du papier. On y gelait l'hiver, on y étouffait l'été ; et cependant, grâce à l'insouciance du jeune âge, grâce surtout aux tendres soins de M. Mongazon qui aimait ses enfants comme la meilleure des mères, on y vivait heureux et content.

» Quelques années plus tard nous entrions dans la maison qu'on appelait encore *maison des enfants de chœur;* on voulait peut-être dire des enfants du *cœur,* car depuis longtemps il n'y avait plus d'enfant de chœur. Le nombre des élèves avait augmenté ; mais rien n'avait changé dans le régime primitif; mêmes étaient les privations, même l'amour des élèves pour leur père, même leur juvénil entrain, leur animation aux jeux. Et nous devons nous souvenir qu'un jour un jeune imprudent, pour échapper à la poursuite trop pressante d'un camarade, s'élança dans les airs, et tourbillonnant dans l'espace, se précipita, sans accident, d'une hauteur de plus de quinze pieds, préservé sans doute par son ange gardien.

» Mais ce qui surtout faisait le bonheur de ces années si pures, ce qui en est encore aujourd'hui le plus doux et le plus agréable souvenir, c'est cet amour maternel de M. Mongazon pour chacun de ses élèves, c'est cet abandon, cette confiance filiale des enfants, cette affection pour un supérieur qui montre en lui un père, et fait retrouver la vie de famille au sein même du collége. »

Les applaudissements qui accueillirent ces paroles dont nous craignons de n'avoir pas reproduit l'exacte physionomie, prouvèrent au vénérable évêque quel plaisir avait causé à tous les enfants de M. Mongazon l'évocation de leurs plus chers souvenirs.

Citons encore une cantate qui fut religieusement écoutée parce qu'elle célébrait Urbain et son glorieux retour :

CANTATE.

O jour d'allégresse !
Jour d'élans pieux !
Pour notre jeunesse
Jour délicieux !
Ma reconnaissance
Veut fêter Urbain,
Et ma voix s'élance
En un gai refrain.
Oui, que mon cœur batte !
L'amour le dilate,
Et ma joie éclate
Au seul nom d'*Urbain !*

O jour d'allégresse !
Jour d'élans pieux !
Pour notre jeunesse
Jours délicieux !

Quand la tempête en un jour plein d'alarmes,
Avec Urbain nous ravit le bonheur,
Enfants d'Urbain, oh! vous versiez des larmes!
Un deuil amer désolait votre cœur.

Aujourd'hui l'allégresse,
Pour fêter le retour,
A banni la tristesse
Et s'unit à l'amour.

Aux longs jours d'absence
Heureux lendemain !
Douce Providence,
Tu nous rends Urbain !
Oui, dans cet asile
Au séjour tranquille,
Près de sa famille
Il repose enfin !
Sa sainte présence
Nous protégera ;
Et sur notre enfance
Urbain régnera !

Oui, d'Urbain vous êtes la gloire
Hors du temple ou près de l'autel.
Oh! gardez, gardez sa mémoire,
Vous qu'aima son cœur paternel !
Quand tout s'efface sur la terre,
Dans vos cœurs vivent ses bienfaits ;
Et fêter les vertus d'un père
A pour vous les plus doux attraits.

Aimable Urbain, tu dois sourire
A voir tes enfants réunis.

Mais entre tous ton œil admire
Deux pasteurs, tes plus nobles fils !
C'est dans ton cœur qu'ils ont su prendre
Pour nous les plus doux sentiments,
Et pour glorifier ta cendre
De pieux et tendres accents.

Chantons la reconnaissance,
Et Dieu, douce récompense !
Sur l'asile de l'enfance
Fera luire d'heureux jours.
Belle journée
Aux louanges consacrée,
Heure, sitôt envolée,
Ta mémoire fortunée
Dans nos cœurs vivra toujours.

Mais les élèves attendaient avec impatience qu'on proclamât le nom des heureux vainqueurs.

Le prix d'honneur offert par Monseigneur l'évêque d'Angers et décerné à la pluralité des suffrages des maîtres et des élèves, fut obtenu dans la première division par *Just Lecoindre,* de Chemillé, et dans la deuxième par Emile Nomballais, de Mazières.

Ceux qui savent ce qu'il faut, pour obtenir cette distinction honorable, d'application constante à tous les devoirs, de ponctualité exemplaire dans tous les exercices, de respect et de déférence à l'égard des maîtres, de cordialité dans les rapports avec les camarades, de piété et de perfection enfin dans toutes les qualités qui constituent un bon écolier, rendront avec nous hommage à ces jeunes élèves que nous n'essaierons pas de louer autrement.

Les élèves qui, dans leur classe, ont obtenu le plus de couronnes, sont :

En Philosophie, Arsène Pasquier, du Puy-Notre-Dame, et Just Lecoindre, de Chemillé (prix d'honneur) ;

En Rhétorique, Joseph Quesson, de Neuvy, et Auguste Branchereau, de Botz ;

En Seconde, Jules Denis, de la Romagne, et Abel Fillaudeau, de La Tessouale ;

En Troisième, Jules Sourice, de Jallais, et Jean Chauvin, du Fief-Sauvin ;

En Quatrième, Alexis Brebion, de Beaupréau, et Théodule Grimault, de la Chapelle-Saint-Florent ;

En Cinquième, Jean-Baptiste Réthoré, de Saint-Remy, Emile Nomballais, de Mazières (prix d'honneur), et Théophile Denis, du May ;

En Sixième, Eugène Frétier, de Daumeray, et Emmanuel Dupont, d'Angers ;

En Septième, Pierre Bourget, de Saint-Jean-du-Marillais, et Louis Auger, de Saint-Martin de Beaupréau ;

En Huitième enfin, Paul Guéneau, d'Angers, et François Lefort, de Beaupréau.

Terminons notre récit par un dernier hommage rendu aux habitants de Beaupréau. Ce n'était pas assez pour eux des manifestations sympathiques de la journée, il fallait que la nuit aussi eut sa part de la fête.

Ici encore les expressions nous manquent et nous ne savons comment rendre ce que nous avons vu et admiré. Contentons-nous de dire qu'une illumination, spontanée, comme toutes les autres parties de la fête, éclairait toutes les rues témoins du triomphe de M. Mongazon. « La façade de l'église et la flèche magnifique qui la surmonte resplendissaient dans les airs au milieu d'une nuit admirablement calme. » Nous ne saurions non plus décider laquelle nous plût davantage entre toutes ces rues où les lanternes vénitiennes mêlées à la verdure tantôt s'allongeaient en lignes capricieusement irrégulières, tantôt prenant les formes les plus variées et s'éclairant des couleurs les plus agréables, brillaient sur nos têtes en gracieux pendentifs. Mais la partie supérieure de la rue Notre-Dame nous a particulièrement frappé ; les mille feux qui se jouaient au milieu des décorations que nous avions déjà remarquées le matin semblaient leur donner encore plus d'élégance et de fini. C'était le chemin que M. Mongazon avait le plus souvent foulé de ses pas · c'était lui qui devait être plus riche de décors et de lumière. On l'avait compris et nous comprîmes, nous, que le cœur et la foi ne calculent jamais. Nous savons aussi que nous ne pûmes retenir nos larmes en revoyant cette cour de la maison des enfants de chœur, où les verres de couleur harmonieusement ménagés faisaient ressortir l'heureuse disposition de toutes les parties de ce sanctuaire improvisé.

Monseigneur, toujours bienveillant, toujours heureux de faire plaisir, Monseigneur, entouré d'un nombreux clergé, parcourait les rues en se mêlant à la population, au milieu dès flots de lumière, pour leur témoigner sa reconnaissance d'une telle manifestation.

Mais il est un fait passé sous silence qu'on ne nous pardonnerait pas d'omettre. Donnons-lui quelques développements.

Tout le monde a remarqué l'état de délabrement de la chapelle du collége ou au moins sa nudité presque complète. Les travaux indispensables exécutés dans les dortoirs, les salles d'étude et ailleurs, ont, jusqu'à présent, absorbé les faibles ressources que la maison peut consacrer, chaque année, à ses plus urgentes réparations.

A la fin du banquet offert par M. le supérieur du collége à tous les enfants de M. Mongazon, après le chant patriotique du *Vive Urbain dans tous les cœurs*, Monseigneur l'évêque d'Angers s'est levé et dans quelques mots bien sentis a présenté la pauvreté du sanctuaire et proposé aux anciens élèves, au nom de la reconnaissance, une souscription pour la réparation de la chapelle et l'érection d'un monument à la mémoire de M. Mongazon. Aussitôt une liste ouverte par les vénérables évêques d'Angers et de Limoges se couvre rapidement de signatures et, grâce au souvenir d'Urbain, atteint, en moins d'une demi-heure, un chiffre imposant (1).

Quelques jours après, les professeurs du collége allaient, cette liste à la main, offrir à tous les habitants de Beaupréau l'occasion de prendre part encore à une bonne œuvre : tâche pour nous rendue bien facile dans cette ville où les cœurs sont généreux et savent comprendre les nobles causes, où le souvenir de M. Mongazon est dans chaque famille un précieux et saint héritage que les pères lèguent à leurs enfants. Partout nous entendions avec bonheur son éloge. Ici, une pauvre femme, en nous remettant quelques centimes qu'elle nous forçait d'accepter, racontait avec reconnaissance comment M. Mongazon avait autrefois nourri sa famille et lui avait donné à elle-même un vêtement complet qu'elle avait longtemps gardé comme une relique de l'homme de Dieu ; là, un vieillard nous dépeignait avec attendrissement l'amour de M. Mongazon pour les pauvres, sa douce parole, sa figure bonne et gracieuse, la ferveur avec laquelle il célébrait les saints mystères, l'affection que tous ressentaient pour lui. Partout enfin c'était un concert de louanges, et nous pouvons affirmer, à la gloire des

______

(1) Cette souscription reste ouverte. — M. Menard, vicaire-général à Angers, et M. le supérieur du collége à Beaupréau, chargés de recueillir les sommes déjà souscrites, accueilleront, avec reconnaissance, toutes les nouvelles souscriptions. — Vingt-cinq messes seront dites, pour les souscripteurs, dans la chapelle du collége.

habitants de Beaupréau, que tous, en donnant avec bonheur, suivant leurs ressources, quelques-uns même au-delà de leurs moyens, croyaient accomplir un devoir de reconnaissance, un devoir religieux et sacré.

Honneur à ces populations qui, déshéritées des faveurs tant prisées par ceux qu'on a coutume d'appeler les hommes du progrès, s'estiment assez riches de leur foi, savent encore s'incliner devant Dieu, s'enthousiasmer pour sa gloire et la gloire de ses saints.

Puissent les idées de la foi, les grands principes de la religion et de la morale, avec le souvenir et le culte d'Urbain, être toujours leur sauvegarde et leur appui, en même temps que leur consolation et leur plus pure joie.

Angers, E. Barassé, imprimeur-libraire de Mgr l'Evêque et du Clergé.

ALLOCUTION

PRONONCÉE

DANS L'ÉGLISE DE BEAUPRÉAU

PAR

MGR FÉLIX-PIERRE FRUCHAUD

ÉVÊQUE DE LIMOGES

A L'OCCASION

DE LA TRANSLATION DES RESTES

DE M. URBAIN-LOIR MONGAZON

FONDATEUR ET SUPÉRIEUR

DES PETITS-SÉMINAIRES DE BEAUPRÉAU ET D'ANGERS.

———†———

Se vend 1 franc.

Au profit du monument à élever à M. Mongazon, dans la chapelle de l'établissement ecclésiastique de Beaupréau.

———

ANGERS,

E. BARASSÉ, IMP.-LIB. DE Mgr L'ÉVÊQUE ET DU CLERGÉ
Rue Saint-Laud, 83.

—

1866.

Monseigneur,

A la fin des temps, sur la terre silencieuse et dépeuplée, cette grande parole éclatera un jour : *Excutere de pulvere !* Race des hommes, sors de la poussière d'où tu as été formée et dans laquelle tu es retombée ! *Consurge !* Lève-toi pour ne plus te coucher : voici la lumière qui ne s'éteint plus, les horizons infinis et la vie éternelle ! Et tous alors se lèveront ; et les liens rompus par la mort se renoueront ; et les vieilles affections se rallumeront ; et toute âme juste sera inondée de gloire, de béatitude et d'amour. Ne semble-t-il pas, Nos Très-Chers Frères, qu'un avant-goût de ces grandes ivresses nous soit donné aujourd'hui et que nous voyons se réaliser quelque chose des scènes futures ? Ce que nous faisons ici, n'est-ce pas un commencement de résurrection et un essai merveilleux du chef-d'œuvre éternel ? Nous anticipons sur l'avenir, et, pour honorer dignement une mémoire chérie, nos cœurs vont plus vite que les siècles. Sur cette tombe fermée depuis longtemps, nous venons jeter d'avance le grand cri d'amour et de joie : O toi que nous avons environné d'une affection si tendre, sors de ta poussière, lève-toi et reviens au milieu de tes fils aînés ! Les enfants que Dieu donna à ta noble et féconde vieillesse possèdent une précieuse partie de tes restes mortels. Ton nom les protége ; ton cœur repose honoré et béni sous la garde de leur piété filiale. Ils sont dignes de conserver cet inestimable dépôt. Et cependant, nous qui connaissons le fond de ton âme, nous avons deviné le désir que ta modestie seule ne te permît pas de formuler : « *Asportate ossa mea vobiscum,* » « Transportez mes ossements dans cette terre deux fois sainte, où j'ai vécu longtemps, où je n'ai pas eu la consolation de mourir. » Ce vœu, compris et partagé par tous ses enfants, se réalise aujourd'hui. M. Mongazon, après trente-deux ans, reparaît dans cette chère cité de Beaupréau qui lui doit sa prospérité, sa réputation, sa foi ; il reparaît dans cette terre des géants, au milieu des dignes fils des héros et des martyrs dont il partagea le dévouement, la gloire et les malheurs ; il reparaît dans ce cher collége qu'il a ressuscité deux fois, où son esprit vit, dirige et enseigne par le cœur de prêtres dignes de lui succéder : « *Defunctus adhuc loquitur* (1). » Et de toutes les parties de ce diocèse et des paroisses voisines, vous êtes accourus, Messieurs, pour lui faire cortége et pour donner à cette cérémonie nouvelle le caractère de joie sainte et d'enthousiasme religieux qui distingue les translations solennelles des reliques des saints.

Monseigneur, nous reconnaissons ici le bonheur et la délicatesse ordinaires de vos inspirations. Par ces touchants hommages décernés au Confesseur de la Foi, au Père de la jeunesse, au restaurateur du clergé dans votre diocèse, vous ne manifestez pas seulement votre piété filiale, vous honorez tous vos prêtres, vivants et morts ; et en dédommageant le saint vieillard, qui n'eut pas l'ineffable joie de voir les beaux jours qu'un de ses fils les plus aimés apportait à l'Eglise d'Angers, vous l'associez, autant qu'il est en vous, à toutes les œuvres, à toutes les gloires de votre fécond épiscopat. Heureux de vous voir présider cette cérémonie, nous avions

____

(1) Hébr., xi, 4.

tous envié un autre bonheur : celui de vous entendre. Mais Votre Grandeur a voulu donner ici la parole à un enfant de la Vendée, à un élève de M. Mongazon, profondément attaché à sa mémoire. J'ai dû accepter cet honneur, dont les périls m'effraieraient, si, parmi mes auditeurs, mon regard ému reconnaissait moins d'amis. Du reste, il ne s'agit pas ici de refaire une oraison funèbre qui a été faite, et bien faite, par un saint prêtre, collaborateur de M. Mongazon dans l'éducation de la jeunesse et son successeur dans la charge pastorale, celui qui le connut le mieux et par conséquent l'aima davantage. Toute mon ambition est de dire simplement le sens et la raison de ces hommages extraordinaires que nous offrons aujourd'hui à la mémoire vénérée de notre bien-aimé Père, Urbain-Loir Mongazon.

Dieu lui-même nous recommande, N. T.-C. F., de garder pieusement le souvenir de tous ceux qui nous ont enseigné la sainte doctrine : « *Mementote præpositorum vestrorum qui vobis locuti sunt verbum Dei* (1). » Mais que dire de ceux qui nous l'ont enseignée au prix de tant de labeurs, au milieu de tant de périls, avec une tendresse si intarissable et un dévouement si héroïque ? Noble et chère Eglise d'Angers, que tu parais belle à mes yeux ravis, avec ton chef couronné d'années et de vertus ; avec tes prêtres pieux, instruits et zélés ; avec tes fidèles riches de tous les dons de la foi et de toutes les œuvres de la charité ; avec la sève catholique qui manifeste sa vigueur et sa générosité dans l'abondance de tes vocations sacerdotales et religieuses, dans la magnificence de tes temples, dans la libéralité inépuisable de tes offrandes pour le Denier de Saint-Pierre, pour l'œuvre des séminaires, pour toutes les grandes et saintes causes ! Mais tu n'étais pas moins belle, moins digne d'admiration,

---

(1) Hébr., xiii, 7.

lorsqu'en des jours mauvais tes prêtres proscrits et décimés semaient courageusement l'Evangile dans la cendre et les ruines, et rallumaient de leur souffle haletant le feu sacré prêt à s'éteindre sur ton sol désolé ! Voilà, N. T.-C. F., ceux qui sont les pères véritables des fidèles, des prêtres, des pontifes d'aujourd'hui : c'est à eux que nous devons notre foi chrétienne, nos vertus publiques, nos gloires nationales. Malheur à qui oùblierait ces illustres défunts ! « *Mementote præpositorum vestrorum qui vobis locuti sunt verbum Dei.* »

Lorsque, vers la fin du siècle dernier, éclata la grande épreuve qui devait, ce semble, anéantir la religion dans la France et dans le monde, Dieu, trompant les desseins des impies et tirant le bien du sein des maux, en fit jaillir la résurrection catholique de l'Europe et la glorification morale de la France. Où le vulgaire voyait un tombeau immense, les Anges de notre patrie contemplaient un berceau radieux. Ce vieux clergé de France, cette noble phalange qui dans la décadence du xviiie siècle avait le moins subi les atteintes du temps, fut choisi pour être l'instrument et la source de cette rénovation chrétienne. Le Tout-Puissant, de sa main miséricordieuse, divisa en trois parts les rangs des prêtres fidèles ; et ils le furent presque tous dans ces religieuses contrées.

La première, victime pure, eut l'honneur incomparable d'être livrée, pour l'expiation publique, au glaive des persécuteurs. Dieu seul sait ce que nous obtint de bénédictions et de grâces cette sanglante et sublime immolation. Il ne demandait autrefois que dix justes pour sauver une cité immense ; quelle abondante satisfaction sa justice n'a-t-elle pas trouvée dans ce vaste holocauste ! Que chaque église conserve donc dans ses annales les noms glorieux de ces martyrs qui ont continué le Calvaire et sauvé le monde par leur mort !

La seconde part, phalange également et à jamais vénérable, fut jetée, par les édits de proscription, hors du territoire devenu inhospitalier à la foi et à la vertu, ou plutôt fut disséminée avec intention par la Providence au milieu de l'Europe rationaliste et protestante. Ces illustres pontifes, ces saints confesseurs, ces prêtres pieux, c'étaient de divins semeurs qui ont répandu sur les plages ravagées par le schisme et par l'hérésie les germes célestes que nous voyons maintenant fleurir et fructifier ; c'étaient les envoyés que le Père de famille a lancés à travers les siècles en leur recommandant de pousser dans la salle du festin tous les attardés : « *Compelle intrare* (1). » Nobles exilés qui avez fait tant d'honneur sur la terre étrangère à votre pays qui vous méconnaissait et que vous ne cessiez d'aimer ! Glorieux apôtres de la vérité et de la vertu, vos noms resteront dans les souvenirs reconnaissants de l'Eglise et de la France.

Mais tandis que le ciel se calmait par le sang des uns, que l'Europe s'ensemençait par les sueurs des autres, une troisième part de la phalange sacrée était demeurée au cœur même de notre patrie, cachée au milieu des ruines, et, sous les décombres amoncelés, elle y préparait en silence la résurrection future. Lorsque nos pères furent emmenés en Perse, dit le second livre des Machabées, les prêtres alors occupés au service divin, ayant pris le feu qui était sur l'autel, le cachèrent secrètement au fond d'un puits desséché et le gardèrent avec tant de soin que ce lieu demeura inconnu à tous. C'est l'histoire des vénérables prêtres qui prirent avec eux le feu sacré, « *acceptum ignem de altari,* » cette vieille foi de Charlemagne et de saint Louis, ces traditions nationales et ces antiques vertus, et s'en allèrent le cacher sous les ruines et le garder sous les

---

(1) S. Luc, xiv, 23.

cendres, au fonds du puits des révolutions, « *absconderunt in valle ubi erat puteus* (1). » On crut un instant que la sainte flamme était complétement éteinte et que Dieu était pour jamais banni ; son nom seul prononcé en pleine académie, y soulevait des tempêtes de fureur. Mais, grâce à ce Dieu ouvertement nié et insulté, le feu sacré était gardé avec soin. Ces prêtres augustes qui alors, pour employer toujours le texte des Machabées, étaient les vrais adorateurs du Christ, « *sacerdotes qui tunc cultores Dei erant,* volontairement cachés au milieu d'ennemis terribles, sauvegardaient en silence ce précieux trésor, infusaient secrètement dans les veines de la France le souffle catholique, la sève du Christ, et préparaient la vraie résurrection de notre patrie. C'est à ce point qu'après plusieurs années, *quùm præterissent anni multi,* quand ces nobles débris du clergé fidèle sortirent de leurs retraites, on vit avec admiration le feu divin de la foi et de la charité illuminer les esprits et embraser les cœurs des populations accourues pour les voir et les entendre, *accensus est ignis magnus ità ut omnes mirarentur.* Ce merveilleux rayonnement de la foi catholique étonna les impies et permit au grand capitaine couronné des lauriers de la victoire et des flammes du génie, d'accomplir l'œuvre réparatrice du Concordat, qui restera sa gloire la plus pure.

Je vous ai dit, M. T.-C. F., l'un des titres qui recommandent la mémoire de M. Mongazon à notre admiration et à notre reconnaissance. Né à Saumur, il fut, par une disposition favorable de la Providence, envoyé dès la fleur de sa jeunesse à Beaupréau, qui devint le premier théâtre de ses travaux dans l'éducation de la jeunesse et dans le noviciat du ministère pastoral. Il s'attacha profondément à ces populations fortes et chrétiennes, avec lesquelles la

____

(1) II Macch., i, 19.

piété de son âme, la générosité de son cœur, la loyauté de son caractère sympathisaient merveilleusement. Aussi, quand vint l'heure des sanglantes épreuves, il ne put se décider à les abandonner et préféra les périls du dévouement à la douloureuse sécurité de l'exil qu'on lui conseillait. Caché durant le jour dans des masures abandonnées, au milieu des bois, chez de nobles paysans qui se disputaient l'honneur de l'abriter sous leur toit, il n'hésita jamais à quitter sa retraite, quelque danger qu'il courût, lorsqu'il était appelé à remplir les devoirs de son charitable ministère.

Durant la nuit, éclairé par la lumière vacillante des étoiles ou par les lueurs sinistres de l'incendie, il s'en allait, à travers d'étroits sentiers, au rendez-vous de la prière et du sacrifice: c'était une pauvre chaumière, un souterrain ignoré, une grange déserte. Là, au milieu des larmes, des terreurs et des angoisses, il consolait les âmes, reconfortait les cœurs, administrait les sacrements, célébrait les saints mystères, et avec les vieillards désolés, les veuves et les orphelins, il priait pour les défunts de la veille, pour les victimes du lendemain, pour la liberté de l'Eglise, pour la paix, le salut et la glorification de la France. Quelle vie, M. C. F.! Pour la comprendre dans son imposante grandeur et en retrouver le modèle, il faudrait remonter aux âges héroïques de l'Eglise, et assister dans les catacombes aux assemblées des premiers chrétiens. Pour en retracer les émouvants détails, il suffit de vous rappeler le souvenir de votre enfance et les récits du foyer domestique.

Lorsque la sécurité enfin rétablie permit aux prêtres fidèles de reprendre la vie publique, M. Mongazon fut des plus empressés à revenir à Beaupréau. Comme les Israélites au retour de la captivité, prêtres et fidèles, après les premiers épanchements de la joie et de la reconnaissance, durent verser des larmes amères à la vue de leurs églises détruites ou profanées. Ils relevèrent les saintes ruines avec des sacrifices dont la détresse générale augmentait le mérite, et laissant à leurs successeurs la mission que vous avez admirablement remplie, Messieurs, de construire, dans un temps plus prospère, des temples dignes de la foi de ces religieuses contrées, ils travaillèrent avec ardeur à polir et orner les temples spirituels. C'était un rude labeur, M. T.-C. F. : rassembler le troupeau dispersé par la tempête, courir après les brebis égarées, attirer dans le bercail les brebis entraînées par les mercenaires, discipliner et instruire les jeunes agneaux ; ces bons pasteurs, qui s'étaient mille fois exposés à la mort pour leurs brebis, se dévouèrent à ce travail avec un zèle admirable. Mais l'abondance même de la moisson épuisait les ouvriers trop peu nombreux pour la recueillir. Qui comblerait les vides que la mort, l'exil et les privations avaient faits dans la tribu sacerdotale? Homme de prévoyance et d'avenir, M. Mongazon se faisait avec anxiété cette question en regardant tristement ces bâtiments du collège de Beaupréau, alors silencieux et solitaires, qu'il avait vus jadis pleins de mouvement et de vie. La Providence, attentive à pourvoir aux besoins de l'Eglise et à lui procurer les secours que les lieux et les circonstances réclament, avait inspiré, dans tous les diocèses, à de saints prêtres soucieux de l'avenir, le zèle de l'éducation de la jeunesse. Leurs noms, entourés de la reconnaissance publique, passeront de génération en génération. A peine installé dans le presbytère de Beaupréau, M. Mongazon y accueillit deux enfants orphelins. Un modeste presbytère, deux enfants orphelins, un prêtre sans autre ressource que son dévouement : ne reconnaissez-vous pas là le début des grandes institutions, le fondement divin des œuvres durables, le grain de sénevé qui devient un grand arbre, la petite pierre qui, par des accroissements successifs, se transforme en montagne? L'impiété révolutionnaire avait détruit ou confisqué tous ces établissements d'instruction que la foi avait multipliés, et dévoré les ressources dont les avait richement dotés la charité chrétienne, peut-être pour donner à l'ignorance et à la mauvaise foi l'occasion de calomnier le clergé en l'accusant d'être hostile ou indifférent à l'instruction des enfants du peuple. La petite ville de Beaupréau, cachée sous les ombres du bocage, possédait deux institutions scolaires : la maison connue sous le nom modeste de *Maison des Enfants de chœur* et le *Collége* que M. l'abbé Darondeau, qui venait de couronner par le martyre une noble vie consacrée à la jeunesse, avait magnifiquement rebâti et sagement dirigé. Ces fondations charitables avaient subi le sort commun ; mais les bâtiments avaient échappé à l'incendie : la Providence les avait réservés pour les rendre successivement à leur destination première.

Et de quels instruments se servira-t-elle dans cette grande œuvre réparatrice ? D'un pauvre prêtre et d'une noble femme, dont les noms, unis dans le bien, ne seront pas séparés dans la reconnaissance publique : M. Urbain-Loir Mongazon et Mme Françoise-Adélaïde-Rosalie de Scépaux, veuve du maréchal d'Aubeterre. M. Mongazon deviendra le successeur de M. l'abbé Darondeau et renouera les traditions séculaires de cette institution autrefois si féconde. La fondation détruite de la veuve de Charles de Bourbon, prince de la Roche-sur-Yon et seigneur de Beaupréau, sera, après deux siècles et demi, relevée, agrandie et donnée, pour devenir le centre d'un nouveau collége, par l'illustre veuve du maréchal d'Aubeterre. Cette donation, qui devait avoir d'incalculables résultats pour l'avenir religieux de plusieurs provinces, n'épuisera pas la bienfaisance de la vénérable fondatrice. Son intérêt et ses libéralités décorent toutes les pages de l'histoire du collége ; elle léguera ce généreux dévouement à ses dignes neveux qui, dans la bonne comme dans la mauvaise fortune, ont toujours gardé à cette maison si chère la bienveillance désormais traditionnelle qui s'ajoute à toutes les gloires de leur vieux blason.

Le collége de Beaupréau est donc fondé, N. T.-C. F. L'arbre de la science du bien a trouvé un terrain propice : il étend à l'aise ses racines ; il développe ses rameaux verdoyants, et des multitudes d'enfants avides viennent cueillir ses fleurs et manger ses fruits. Telle est sa vigueur et sa fécondité qu'après un petit nombre d'années, une main habile autant que dévouée peut, sans l'affaiblir, transplanter dans une autre partie du diocèse, sur une terre également fertilisée par le sang des martyrs, un beau et puissant rejeton... Vous avez nommé, N. T.-C. F., le collége de Combrée, fondé par M. l'abbé Drouet, l'un des premiers élèves et des plus utiles collaborateurs de M. Mongazon. En le faisant reconstruire dans dernières années ces, Monseigneur, vous lui avez donné le cachet de vos œuvres : un éloquent prélat l'a appelé le palais de l'éducation : nous sommes heureux d'y reconnaître encore le monument élevé par la reconnaissance du diocèse à la mémoire bénie de son noble fondateur.

Pendant que M. Drouet déployait dans sa création laborieuse toutes les ressources d'une intelligence remarquable et d'une volonté énergique, M. Mongazon aspirait à transporter dans les bâtiments de l'ancien collége, agrandis pour une autre destination, la nombreuse jeunesse que la confiance empressée des familles aimait à placer sous sa direction paternelle. La Providence, par les mains de la Restauration, accomplit ce vœu. De 1816 à 1831, le collége de Beaupréau, devenu Petit-Séminaire, atteignit sous le rapport de l'éducation et des études une prospérité qui le signala à la haine des ennemis de la religion : il leur fut donné de tromper les dépositaires du pouvoir et d'obtenir la dissolution de ce collége plus calomnié que redoutable. Mais la Providence voulut que ce fût pour leur confusion. M. Mongazon alla fonder, au cœur même du diocèse, dans la ville d'Angers, une nouvelle école ecclésiastique. Quelques années plus tard, les anciens élèves du collége de Beaupréau, saisissant avec empressement l'occasion favorable, le rachetèrent de leurs deniers pour le rendre à la jeunesse studieuse et à la mémoire de M. Mongazon.

Voici donc, N. T.-C. F., ce qu'il a été permis à un prêtre d'opérer pour la gloire de Dieu et le bien des âmes : conserver la foi au péril de sa vie dans ces nobles et malheureuses contrées ; relever de ses ruines le collége de Beaupréau et le diriger avec des succès admirables ; établir par la main d'un de ses disciples le collége de Combrée ; construire dans son infatigable vieillesse, à Angers, le florissant collége qui porte son nom : relever après sa mort, par les sacrifices de ses élèves heureux de réjouir et d'honorer sa mémoire, le même collége de Beaupréau, momentanément ravi à sa destination sainte ; de ces trois foyers de lumière, faire de plus en plus rayonner sur toute la surface du diocèse et dans les contrées voisines les bonnes et solides études, les mœurs pures, l'amour du beau, du vrai et du bien, le dévouement à la religion et à l'Eglise, les principes et les pratiques de la piété chrétienne.... Comment louer assez un tel homme et de telles œuvres ? Comment honorer par de dignes hommages de gratitude des mérites et des bienfaits qui grandissent et s'étendent en s'éloignant de leur source, semblables aux bienfaisantes eaux des fleuves qui, en prolongeant leur cours, arrosent de plus vastes campagnes ? Aussi, non contents d'avoir gravé votre reconnaissance sur le marbre et sur l'airain, vous avez voulu, Messieurs, prouver à tous que les services de M. Mongazon étaient de ceux que l'oubli ne pouvait atteindre, que le temps lui-même ne pouvait altérer : le plus bel éloge de M. Mongazon, c'est votre présence autour de son cercueil que vous rendez prématurément glorieux. Ou plutôt l'hommage le plus digne de lui et de vous, c'est vous-mêmes, c'est vous, prêtres d'élite, émules de ses vertus, continuateurs de son ministère : c'est vous, nobles et pieux laïques qui, dans tous les rangs de la société, par votre fidélité à l'honneur, à la patrie, à l'Eglise, à Dieu, montrez que vous avez été formés par les mains et par le cœur de cet incomparable maître : c'est vous, jeunes enfants, prêtres, chrétiens, soldats de l'avenir : c'est vous, enfin, dignes fils et petits-fils des héros et des martyrs, qui honorez par vos sentiments la foi dont M. Mongazon vous a conservé le bienfait.

Si je me suis bien rendu compte de la portée de cette cérémonie et des sentiments intimes qui vous y ont conduits, M. T.-C. F., je n'y vois pas seulement un témoignage d'éclatante reconnaissance pour d'éminents services ; j'y trouve encore un hommage de respect pour d'admirables vertus.

On a dit de l'Eglise catholique qu'elle était la grande école du respect. Ne serait-ce pas, M. F., parce qu'elle est la grande école de la vertu ? La vertu, en effet, impose comme nécessairement le respect ; elle force le vice à lui rendre hommage, et telle est son influence, au dire de saint Jean-Chrysostôme, que ceux même qui la combattent, l'admirent. Quelle vénération profonde, quel culte religieux n'inspirera-t-elle pas aux jeunes cœurs, aux âmes droites et pures, quand elle leur apparaîtra avec l'ensemble ravissant de ses attraits les plus irrésistibles ?

Ici, M. T.-C. F., la tâche du panégyriste de M. Mongazon devient d'autant plus embarrassante, qu'elle paraît plus simple et plus facile. Vous ne lui pardonneriez pas d'employer les artifices du langage pour peindre des vertus dont le naturel faisait le charme inimitable ; vos impressions, en cherchant à reproduire des traits aimés que vos souvenirs vous retracent sous des couleurs plus vives et plus saisissantes. Si la vertu est la beauté intérieure de l'homme en communication avec la beauté suprême de Dieu, elle avait dans les traits, dans la voix, dans tout l'extérieur de notre vénéré Père, des reflets sensibles, des irradiations merveilleuses qui nous dévoilaient ses aimables qualités, et lui gagnaient toutes nos âmes. Après un demi-siècle, nous la voyons encore cette noble tête couronnée de cheveux blancs, ce front large et serein, ce regard limpide et caressant, cette physionomie fine et délicate, où se reflétaient, comme dans un pur miroir, toutes les grâces de son cœur. Nous l'entendons encore cette voix pleine de piété et d'onction, de souplesse et d'harmonie, de puissance et de sentiment, qu s'insinuait délicieusement au fond de nos âmes, et nous faisait pleurer avec le prophète des *Lamentations,* ou tressaillir d'espérance et de joie à l'annonce du divin Rédempteur.

Si richement doué qu'ait été M. Mongazon des dons de la nature et de la grâce, il ne put, sans doute, s'élever à un tel degré de perfection sans lutte et sans effort. Mais l'effort ne paraissait pas ; la vertu en lui semblait naturelle. La foi pour laquelle il avait tant souffert l'avait soutenu parmi les périls et les privations de sa vie errante de confesseur et d'apôtre. Pour les besoins des malades et des mourants, le dévoué ministre du Dieu de charité portait sans cesse le saint sacrement dans un vase d'argent suspendu à son cou et placé sur sa poitrine. Quand le danger devenait plus pressant, il pressait la custode sacrée dans ses mains et disait à Notre-Seigneur, avec un accent plein d'abandon : « Mon Dieu, il y a longtemps que je vous porte et que je vous garde : à votre tour, vous allez me garder. » Souvent cette naïve confiance fut merveilleusement récompensée. Qui dirait les colloques touchants de ces deux fidèles amis, et les témoignages réciproques de paternelle tendresse et de filial amour que se prodiguaient le maître et le serviteur? L'Apôtre bien-aimé eut une fois le privilége de reposer sa tête sur le cœur de Jésus; notre vénéré Père eut pendant huit ans, tous les jours, toutes les nuits, le bonheur de reposer Jésus sur son cœur.

N'est-ce pas à cette divine école que M. Mongazon apprit le langage de la foi qu'il nous parlait si bien, son esprit qui inspirait les pensées et les actes de toute sa vie, la confiance en Dieu qui ne l'abandonna jamais, même dans les dernières épreuves? La confiance dans la Providence! elle fut dans l'âme de M. Mongazon, entière, constante, sans hésitation et sans défaillance. Si on lui eût adressé la question que l'on faisait un jour à un autre confesseur de la Foi : « Quelles étaient vos pensées pendant ces heures solitaires, que prolongeaient encore le danger, le silence et les ténèbres? M. Mongazon eut répondu comme le vénéré M. Gruget : « Je pensais à mon sermon de rentrée dans ma paroisse. » Quels hommes, M. T.-C. F.! quels chrétiens! quels prêtres! Comme on est fort dans le combat! Comme on est consolé dans l'épreuve! Comme on est heureux dans la vie et dans la mort avec une foi si ferme, avec une conscience si obstinée! « *Etiamsi occiderit me, in hoc ego sperabo* (1). »

C'est à cette confiance inébranlable dans la Providence divine que M. Mongazon fut redevable d'une autre qualité de son cœur, qui devint une vertu surnaturelle de son âme : le désintéressement et la charité. Son désintéressement alla jusqu'au mépris de l'argent qu'il n'appréciait que par le plaisir de le donner. Longtemps à la tête d'un collége très-

____

(1) Ps. xxvi, 3.

nombreux et très-florissant, il eût pu, sans blesser sa conscience, amasser des trésors, la sagesse lui faisait peut-être un devoir de recueillir des épargnes pour l'avenir; la dissolution de son établissement en 1831 eût justifié sa prévoyance. Mais l'homme de Dieu ne faisait pas ces calculs et ne connaissait pas cette prudence humaine. Et si son économe très-fidèle n'eût mis en réserve une modique somme, le saint vieillard eût été obligé d'accepter les offres empressées qui lui étaient faites de toutes parts et particulièrement par les nobles héritiers du maréchal d'Aubeterre. Quand, par les démarches habiles de ce même économe, M. l'abbé Lambert, que je suis heureux de nommer en présence de cette assemblée où il compte tant d'amis, M. Mongazon eut obtenu une équitable indemnité, il n'hésita pas à mettre sa fortune comme sa personne à la disposition de son évêque. À quel usage consacrait-il donc ses richesses? Les secrets de sa charité délicate autant que généreuse ont été en partie dévoilés. Combien de dignes prêtres lui doivent d'avoir pu continuer leurs études? Combien de fils d'honorables familles ruinées par les révolutions ou par des désastres domestiques, ont pu, grâce à ses secrètes libéralités, relever leur position sociale? Combien de pauvres ont été nourris, vêtus, consolés par ses larges aumônes? Un jeune élève frappe à la porte du bon supérieur : il lui raconte d'une voix entrecoupée par les sanglots que son père ne peut payer le prix de sa pension et que M. l'économe menace de le faire rendre à sa famille. M. Mongazon le console avec ces paroles qu'on a dit empruntées à nos mères, lui demande ce qu'il doit ; puis remettant la somme à l'enfant, il lui recommande de garder le secret et d'aller payer M. l'économe.

Je serais trop long, M. F., si je voulais raconter tous les faits semblables qui ont été révélés par des indiscrétions reconnaissantes. Permettez-moi cependant d'ajouter une anecdote qui concerne un prêtre que nous avons tous connu et aimé. M. Boutreux fut le premier collaborateur de M. Mongazon. Il y avait entre ces deux prêtres des ressemblances morales que leur fidèle intimité avait rendues chaque jour plus frappantes. Comme David et Jonathas, tous deux aimables et beaux, tous deux pleins d'aménité et de candeur : l'un, avec moins d'érudition classique, avait un goût sûr, un tact exquis et une aptitude remarquable pour l'éducation proprement dite et pour le gouvernement des âmes ; l'autre avait un goût aussi délicat, un jugement littéraire plus exercé, des connaissances classiques des plus étendues avec autant de suavité, mais moins de force pour le commandement ; l'un et l'autre, dépourvus de toute ambition, de toute recherche d'intérêt ou d'amour-propre, mais également riches de piété, de dévouement, de bienveillance et de vertu. Or, il advint qu'après un demi-siècle environ de professorat, M. Boutreux se sentit fatigué : assurément il en avait bien le droit. Il prend donc son courage à deux mains et s'en va faire à son supérieur, et à son ami cette ouverture doublement pénible. M. Mongazon, voyant que la résolution du vieux compagnon de ses travaux était arrêtée, lui cacha son affliction et se contenta de lui faire quelques observations sur son avenir, sachant bien que son digne ami n'avait fait aucune réserve. Il reçut la réponse qu'il avait souvent faite lui-même : La Providence y pourvoira : *Deus providebit* (1). Dès lors son parti était pris, et remerciant Dieu qui lui accordait la consolation et l'honneur d'être en cette rencontre le ministre de sa providence, il court à l'évêché prier Mgr Charles Montault, de douce et

___

(1) Gen., XXII, 8.

sainte mémoire, d'agréer sa démission du canonicat en faveur de M. Boutreux ; quant à lui, ajouta-t-il, on aurait bien la charité de lui conserver, sa vie durant, une cellule au collége et une place à la table commune. Puis il retourne au Petit-Séminaire, voit M. Boutreux comme à l'habitude et ne pense même pas à lui parler de sa démarche, comme il ne voudra pas le lendemain recevoir les remerciements émus de son successeur dans le vénérable sénat de l'église cathédrale. C'est que, N. T.-C. F., M. Mongazon n'était pas seulement d'un désintéressement et d'une générosité antiques, il était plein de modestie et d'humilité. Quand il avait fait plus que son devoir, il se regardait comme un serviteur inutile et pensait que d'autres à sa place auraient fait mieux et davantage. Cette humilité lui inspira le projet de donner son établissement à une compagnie célébre par ses succès dans l'éducation de la jeunesse. Pour lui, après s'être déchargé du poids de la supériorité, il sollicitera la grâce de subir les épreuves du noviciat et le bonheur de vivre et de mourir dans l'obéissance religieuse. Cette négociation, habilement conduite, fut sur le point de réussir : l'obéissance et les événements politiques en amenèrent la rupture.

O douce et pieuse victime, préparez-vous au sacrifice ! Votre cher collége, dont vous vouliez assurer la perpétuité, va être fermé : vos nombreux enfants vont être dispersés ! Ce coup inattendu, le plus rude de tous ceux qui pouvaient l'atteindre, transperça dans tous les sens le cœur de M. Mongazon, mais n'abattit point sa grande âme. On le vit comme David chassé de son palais et traversant le torrent de Cédron, suivre silencieusement les rues de la ville vers la noble hospitalité qui lui avait été offerte ; mais il n'y eut pas de Seméï pour insulter à son malheur ; tous les habitants de Beaupréau frappés avec lui étaient en deuil et pleuraient sur leur commune infortune. Au moins va-t-il vivre en paix avec ses regrets et ses souvenirs ; et s'il ne peut retourner dans sa chère chapelle, où il passait des heures si délicieuses dans ses oraisons prolongées, en la regardant de loin, il priera pour ceux qui lui ont fait tant de mal, comme pour ses enfants chéris, pour la France et pour l'Eglise. Non, M. F., Dieu lui a imposé un grand acte de résignation : l'obéissance va lui demander un suprême sacrifice. Sur une invitation pressante de son évêque, que sa foi considère comme un ordre divin, il se dérobe furtivement aux affections qui le pleurent, et quitte, pour ne plus la revoir, la ville de son adoption, consternée de cette perte irréparable.

Nous avons entendu souvent un grand cœur et une bouche d'or nous peindre avec éloquence les déchirements de cette suprême séparation. M. l'abbé Gourdon les avait vus de ses yeux ; quelques années après, il les éprouvait lui-même ; mais entre le maître et l'élève, il y eut cette différence que l'ancien curé de la Chapelle-du-Genêt revint plusieurs fois au milieu de ses chers paroissiens, et qu'il eut la consolation, en mourant à Beaupréau, de savoir que son corps y reposerait avec honneur au milieu des générations éteintes qui l'avaient tant aimé. Et vous, vénéré patriarche, quand vous quittiez avec la foi et l'obéissance d'Abraham votre patrie adoptive, votre maison, vos fils éperdus, Dieu envoya-t-il sur votre douloureux chemin un ange de sa droite pour vous annoncer que cet enfant chéri qu'il allait vous donner dans votre vieillesse deviendrait la souche de nombreuses et belles générations de chrétiens pieux et de prêtres fidèles, qui glorifieraient son nom et béniraient votre mémoire ? L'Ange du Seigneur vous apprit-il que vos fils aînés rachèteraient votre maison de Beaupréau pour la rendre à leur père injustement dépossédé, et que, sous la protection de votre souvenir, elle reverrait les jours prospères et bénis d'autrefois ?

L'Ange vous laissa-t-il entrevoir que vos cendres seraient rapportées dans cette terre sanctifiée par vos larmes et par vos sueurs ; que vos fils, enfants, jeunes hommes et vieillards formeraient autour de votre cercueil une immense couronne d'honneur ; que tous les habitants de la ville et de la contrée seraient debout pour vous recevoir ; que les rues de la cité seraient transformées en voies triomphales ! O noble patriarche, si le Dieu d'Abraham n'a pas accordé à votre obéissance et à votre foi ces récompenses temporelles, c'est qu'il se réservait de vous dédommager magnifiquement dans le ciel. Agréez le tribut de respect que nous offrons à votre mémoire, et obtenez du Dieu des vertus que nous pratiquions avec ardeur celles dont vous nous avez laissé le parfum et l'exemple.

Il y a bien longtemps que je vous parle, M. T.-C. F., et pourtant je n'ai point encore réussi à reproduire à vos yeux M. Mongazon avec son caractère distinctif et personnel ; je n'ai point dit le mot qui explique cette cérémonie singulière, votre concours, votre émotion, ce mot que je lis sur vos lèvres, que j'aperçois au fond de votre cœur : c'est l'amour. Oui, cette solennité, c'est la fête de l'amour paternel célébrée par la piété filiale. M. Mongazon ne fut pas seulement bon, doux et tendre, il fut, permettez-moi de le dire, la bonté, la douceur, la tendresse ; il fut un cœur ; et c'est là ce qui donne la raison complète de ses succès étonnants dans les œuvres qu'il a entreprises : car Dieu a voulu que tout en ce monde fut possible avec le cœur ; il a donné d'avance l'empire de la terre à ceux qui ont le cœur doux et bon : *Beati mites, quoniam ipsi possidebunt terram* (1). A quoi Dieu lui-même veut-il devoir notre obéissance ? A la force ? Quelle gloire pour lui de nous violenter et de régner sur des esclaves ! Il veut l'hommage de notre volonté, et la volonté se gagne par la force de l'amour : *In funiculis*

---

(1) Matth. v, 4.

Adam traham eos, in vinculis charitatis (1). Les seuls liens qui enchaînent les cœurs, ce sont les liens de la charité et les irrésistibles attractions de la bonté et de l'amour : c'est le secret de tous les saints qui ont agi sur le monde. Saint François-de-Sales voyant un jour du haut d'une forteresse du Chablais les admirables horizons de la Savoie et considérant dans sa pensée le contraste d'un pays si ravissant avec les ruines morales des âmes qui l'habitent, comparant son beau soleil d'un côté et les ténèbres de l'hérésie de l'autre, pencha son front dans ses mains et se prit à pleurer : « Mon Dieu, s'écria-t-il, pensez que vous êtes absent d'un pays si beau et que l'erreur y étouffe les âmes. » Le commandant de la forteresse, qui était à ses côtés, lui montrant l'artillerie : « Voilà, lui dit-il, Monseigneur, de quoi réduire les hérétiques. » « Malheureux, reprit vivement le Saint, en posant ses deux mains sur son cœur, toute l'artillerie du bon Dieu est là ! » Hé bien, pour employer le mot pittoresque du grand évêque de Genève, toute l'artillerie de M. Mongazon était là, dans son cœur. Il était difficile et rare qu'on résistât longtemps à cette arme victorieuse, qu'il savait manier avec une dextérité admirable. Son cœur était à la fois celui d'un père et celui d'une mère : il avait la force, la fermeté, le dévouement, l'amour contenu dans l'expression, mais fécond et généreux dans les actes du premier ; la tendresse expansive, les délicatesses exquises, les ressources infinies, le génie inventif du second. *Le cœur instruisait ses lèvres, rendait sa bouche éloquente* et donnait à sa parole simple et sans apprêt un accent, une grâce, une onction pénétrante que l'art le plus habile n'aurait pu inventer. Le cœur enfin s'épanouissait sur son visage, rayonnait dans sa physionomie et s'épanchait naturellement dans toute sa personne. Ces trésors d'amour, de bonté, d'indulgence, M. Mongazon les avait reçus sans

---

(1) Osée. XI, 4.

doute de l'auteur de tout don parfait, mais il les avait accrus par sa libre et constante coopération à la grâce divine. Ne devrais-je pas ajouter que les circonstances au milieu desquelles s'écoula · sa jeunesse sacerdotale, les malheurs qu'il partagea, les douleurs qu'il eut à consoler, les grandes vertus dont il fut l'admirateur, les scènes de désolation dont il fut le témoin, développèrent, en les exerçant, les dispositions naturelles de son âme? Mais au-dessus de toutes ces causes, qui pourra dire ce que le contact physique et prolongé du cœur du Dieu de l'Eucharistie avec sa poitrine et son cœur lui inspira de dévouement et d'ineffable tendresse! Aussi, N. T.-C. F., si M. Mongazon fut le plus aimant, il fut aussi le plus aimé des pères; il régna, c'est le mot; et, son régne béni n'eut jamais à redouter ni émeutes, ni révolutions. Il ne ressembla pas à ces maîtres de la jeunesse qui, pour conserver leur prestige, n'apparaissent au milieu de leurs élèves que rarement et avec une dignité affectée, et, ne sachant pas parler efficacement le langage de la conscience et de la religion, placent leur autorité sous la garde compressive d'une discipline inflexible. Lorsqu'il paraissait au milieu de nos jeux, avec ce mélange de grâce souriante et d'autorité modeste qui appelait à la fois l'abandon et le respect, vous vous rappelez, Messieurs, notre empressement à l'entourer, à l'écouter, à solliciter une caresse; vous vous rappelez combien notre joie était délicieuse quand son regard paternel nous avait souri. Et si nos yeux clairvoyants apercevaient une ride sur son front ordinairement si pur et si serein, si nos cœurs, habitués à le comprendre, devinaient une tristesse dans son âme, l'inquiétude saisissait les esprits et suspendait les jeux; on se demandait dans tous les groupes : Qu'a donc le bon ère? Aussitôt, par un mouvement spontané, nous nous éloignions du coupable qui, pour se repentir, n'avait pas besoin d'un autre châtiment, et, par une conduite irréprochable, ils s'efforçaient de faire oublier la faute de leur condisciple malheureux. On conçoit aisément qu'avec de semblables dispositions dans les élèves, les sévérités de la discipline étaient peu nécessaires au collége de Beaupréau, aussi n'y étaient-elles pas admises. Le gouvernement était tout paternel ; la surveillance était d'autant plus efficace qu'elle ne se laissait pas apercevoir ; elle cherchait à prévenir les fautes pour n'avoir pas à les punir.

Les professeurs qui presque toujours avaient été les élèves de M. Mongazon avant de devenir ses collaborateurs, étaient formés à son image et partageaient les sentiments d'amour et de confiance qu'il inspirait ; ils vivaient de notre vie et se mêlaient à nos jeux, sans que jamais leur autorité, assise dans nos cœurs et dans nos consciences, ait eu à souffrir de cette condescendance si favorable à l'éducation de notre jeunesse. Plusieurs ont paru devant Dieu ; nous leur donnerons une prière pendant la célébration du divin sacrifice ; quelques-uns, et des plus aimés, sont ici : notre cœur est heureux de les voir près de cette chère tombe. Parmi les absents, il en est un dont la présence eût réjoui toutes les âmes et singulièrement honoré la mémoire de notre bien-aimé Père, parce qu'il est lui-même une des gloires les plus pures du diocèse d'Angers et du collége de Beaupréau. Puisse cet hommage dédommager le successeur de Fénelon de la privation sensible à laquelle les devoirs de son laborieux ministère l'ont condamné.

L'amour des enfants de M. Mongazon pour leur père ne s'épanchait pas seulement sur les dignes prêtres qui lui donnaient le précieux concours de leur talent et de leur zèle ; il s'attachait au collége lui-même.

Le caractère propre et très-remarqué des maisons d'éducation ecclésiastiques et religieuses, c'est qu'elles sont aimées comme une seconde famille, et chéries presque à l'égal du foyer domestique. *On y revient toujours*. Telle est, M. T.-C. F., la gracieuse devise d'un établissement de mon diocèse, et cette devise qui convient à toutes nos institutions scolaires ne serait, nulle part, mieux placée que sur la porte du collége de Beaupréau.

Beaupréau, nous le savons, Messieurs, nous qui descendons à grands pas le versant de la vie, ce nom résonne délicieusement à nos oreilles : il nous plaît de l'entendre, il nous plaît de le prononcer; Beaupréau nous rappelle notre adolescence, son innocence, ses joies pures, ses saintes affections, ce qu'il y a de meilleur dans nos chers et lointains souvenirs. Beaupréau, c'est le collége ; le collége, c'est M. Mongazon ; M. Mongazon, c'est notre Père. On nous a dit que les jeunes élèves du Petit-Séminaire de Mongazon et du collége ressuscité de Beaupréau rivalisent avec nous de respect, de reconnaissance et d'amour pour M. Mongazon qu'ils n'ont pas connu, qu'ils le regardent toujours comme leur premier supérieur, et qu'ils répètent avec enthousiasme le chant patriotique que tant de générations ont redit à tous les échos de la contrée : Chers enfants, soyez remerciés et bénis.

Admirez ce que c'est qu'un homme, M. T.-C. F., quand cet homme possède un grand cœur ! Il rapproche les temps, les lieux, les existences : il devient un lien qui resserre les âmes dans une affection commune, et réalise à nouveau l'union merveilleuse des premiers chrétiens. M. Mongazon nous a répété souvent les paroles de S. Jean, avec lequel il avait des traits si touchants de ressemblance : Mes petits enfants, aimez-vous bien les uns les autres : *Filioli, diligite invicem*. Il aurait pu ajouter avec N. S. J.-C. : « On reconnaîtra à ce signe que vous êtes mes disciples, si vous vous aimez réciproquement. » Grâce à Dieu, cette recommandation paternelle a été suivie. Le signe existe. En voyant avec quel air épanoui les anciens élèves de Beaupréau se retrouvent, souvent après de longs intervalles, avec quels transports de joie ils se serrent la main, avec quelle franche affection ils s'embrassent, bien des indifférents se sont écriés comme les païens en présence de nos pères dans la foi : *Voyez comme ils s'aiment les uns les autres !*

Père bien-aimé, le dernier hommage que vous offrent vos enfants, c'est celui de notre piété filiale envers vous, de leur dévouement pour vos œuvres, de leur tendre et fraternelle affection les uns pour les autres. Et maintenant l'auguste Sacrifice trop longtemps interrompu va se continuer. Si, comme nous en avons l'intime confiance, nos vœux suppliants et les suffrages de l'Eglise sont inutiles pour l'âme beatifiée de notre Père, ils seront salutaires à ses enfants et retomberont sur eux en bénédictions célestes.

Saint Jean-Chrysostôme, mort dans un lointain exil, fut rapporté, longtemps après son décès, dans sa ville de Constantinople. A l'arrivée du saint corps, la grande cité s'émut : tous les habitants voulurent, à la suite de l'Empereur, faire cortége au grand patriarche. On introduisit les saintes reliques dans la première église qui se rencontra sur leur passage. Là, les assistants purent satisfaire leurs regrets et leur piété. Le cortége triomphal reprit ensuite sa marche à travers les rues magnifiquement ornées jusqu'à l'église cathédrale. L'historien dont j'abrége le récit ajoute que le peuple éperdu voulut revoir son saint archevêque : transporté d'enthousiasme, il exigea qu'on le montât encore dans cette chaire fameuse où il avait enseigné avec tant d'éclat ; et des milliers de voix se prirent à crier : Père, parlez à vos enfants. Le grand évêque semble se ranimer en face de cette multitude suppliante, et, de ses lèvres glacées, il laisse tomber encore sur les discordes et les troubles de son temps cette courte parole : *Pax vobis;* la paix soit avec vous.

Ne vous semble-t-il pas, M. T.-C. F., que je vous ai raconté, à quelques différences près, la solennité dont vous êtes les témoins ? Assurément, M. Mongazon n'est pas mort dans l'exil ; car c'était au cœur du diocèse, dans sa maison, au milieu de ses jeunes enfants, mais il est mort loin de sa première famille et de sa cité d'adoption. Votre vœu qui, sans aucun doute, était aussi le sien, n'a pu être réalisé qu'après de trop longs délais ; mais il l'est enfin et de la manière la plus éclatante.

Son corps, transporté avec honneur, accompagné par des prêtres aimés de lui et dévoués à sa mémoire, a été déposé d'abord dans l'église de Saint-Martin. Là, les enfants de ceux qui furent les premiers objets de son zèle sacerdotal ont voulu passer la nuit dans de saintes veilles à côté du précieux dépôt. Après une seconde station dans l'église paroissiale de Notre-Dame de Beaupréau qui lui fut si chère, le bien-aimé défunt va parcourir vos rues ornées comme pour un triomphe. Il bénira les touchantes démonstrations de votre piété filiale : et quand il entrera dans son collége, est-ce que ses os ne tressailleront pas de bonheur? Est-ce que sa bouche ne va pas se rouvrir pour adresser encore une parole, un vœu, une bénédiction aux rangs pressés de cette assemblée si vivement émue ?

Ecoutez, il semble qu'au contact de nos sympathiques tressaillements, ces quelques restes de la mort ne sauraient demeurer insensibles ; une âme semble les animer : une voix doit en sortir ; si elle ne vient pas de cette poussière, du moins ne pouvons-nous douter qu'elle ne descende du ciel : « La paix soit avec vous ! » Telle est l'antique souhait qui répond à tous nos hommages comme à tous nos besoins et à tous nos désirs. La paix soit avec vous, religieuses contrées qui avez tant souffert, tant fait, tant donné pour la foi ! La paix soit avec vous, catholique cité, pays fidèle, pour qui mon collége restauré est redevenu un foyer vivifiant de prospérité matérielle comme de toutes les grâces célestes ! La paix soit avec vous, dans vos foyers, chrétiens dignes de vos pères ; dans vos paroisses, prêtres dignes de vos devanciers ; dans la conscience et dans le cœur de tous ! La paix soit avec vous, ô mes fils aînés et mes petits-fils, famille unique à plusieurs branches, continuelle série de générations qui vivent toujours de la même vie ! La paix soit avec vous, par les espérances de votre éternel avenir comme par les joies de ce beau jour et par les souvenirs délicieux de votre enfance !

M. F., impuissant que je suis à être l'écho de cette inimitable voix, je cherche une autre manière meilleure encore de faire revivre ici notre bien-aimé Père. Oui, bien que toutes les bénédictions aient été attachées à mes mains par l'onction sainte, bien que la haute autorité du vénéré prélat m'ait donné à cet égard tout pouvoir dans son diocèse, je voudrais, pour vous bénir, emprunter à ce cercueil ce bras et cette main qui, jadis, étendus avec tant d'amour, faisaient descendre sur vos têtes les plus suaves bénédictions du Seigneur. *Amen.*

Angers, E. Barassé, imprimeur-libraire de Mgr l'Evêque et du Clergé.